新 日本语能力考试

N5N4全真模拟试题

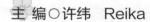 附赠音频及详解

主 编○许纬　Reika

编 著○新世界教育
　　　　樱花国际日语图书事业部

 华东理工大学出版社
EAST CHINA UNIVERSITY OF SCIENCE AND TECHNOLOGY PRESS

·上海·

图书在版编目(CIP)数据

新日本语能力考试N5N4全真模拟试题：附赠音频及
详解 / 许纬，Reika主编；新世界教育，樱花国际日语
图书事业部编著. — 上海：华东理工大学出版社，
2024.6
　　ISBN 978-7-5628-7501-7

Ⅰ.①新… Ⅱ.①许… ②R… ③新… ④樱… Ⅲ.①
日语－水平考试－习题集 Ⅳ.①H369.6

中国国家版本馆CIP数据核字(2024)第086881号

. . . .

项目统筹 / 周璐蓉
责任编辑 / 刘　溱
责任校对 / 金美玉
装帧设计 / 徐　蓉
插　　画 / 施　纹
出版发行 / 华东理工大学出版社有限公司
　　　　　　地址：上海市梅陇路130号，200237
　　　　　　电话：(021)64250306
　　　　　　网址：www.ecustpress.cn
　　　　　　邮箱：zongbianban@ecustpress.cn
印　　刷 / 上海展强印刷有限公司
开　　本 / 787mm×1092mm　1/16
印　　张 / 19
字　　数 / 917千字
版　　次 / 2024年6月第1版
印　　次 / 2024年6月第1次
定　　价 / 60.00元

. . . .

编委会名单

主　编　许　纬　Reika

编　著　新世界教育

　　　　樱花国际日语图书事业部

编　委　刘学敏　钟　雁

前　言

　　樱花国际日语图书事业部自 2011 年起陆续推出了 N1、N2、N3 级别的《新日本语能力考试全真模拟试题（解析版）》。该系列图书多年来广受好评，成为很多备考日本语能力考试的考生的必备用书。为了让日语初学者能更好地掌握基础阶段的日语知识，备考 N5、N4 级别的考试，我们推出了这本《新日本语能力考试 N5N4 全真模拟试题（附赠音频及详解）》。

【本书内容与特点】

> 1. **本书包含 N5、N4 各 6 套全真模拟试题。**
> ·完全遵循新日本语能力考试的题型结构出题。
> 　本书以国际交流基金会、日本国际教育支援协会编著的《新日本语能力考试指南　概要及例题集 N4、N5》为依据，严格按照能力考真题的题型结构出题。
> ·出题角度和难易程度贴近真题。
> 　我们对 2010 年至今的新日本语能力考试的试题进行了深入研究，基于研究数据和成果编写了本书。本书准确把握了考试的出题规律和难度，涵盖各种题型的常考要点，帮助学习者迅速熟悉题型，掌握解题技巧，提升日语能力。
> 2. **本书所有试题均包含解析和翻译。**
> 　本书对每套试题都进行了详细、到位的解析，通过对试题的解析，帮助学习者充分、透彻地理解题中出现的知识点，而不仅仅停留在做题的层面，达到举一反三的效果。同时本书附有试题的全文翻译，便于学习者进行拓展学习。

　　众所周知，在任何学科的学习中，基础都是最重要的，牢固掌握基础知识将使以后的学习事半功倍。日语初学者可以通过对本书的学习，掌握基本的日语知识，夯实基础，稳步提升。

新世界教育

樱花国际日语图书事业部

2024 年 3 月

新日本语能力考试 N5 考试题目的构成

考试科目 （考试时间）			试题结构	
			大题	考查内容
语言知识 （20分钟）	文字·词汇	1	汉字读法	是否能够读出用汉字书写的词语
		2	汉字书写	是否能够用汉字及片假名书写平假名所示词语
		3	前后关系	是否能够根据前后关系判断出规定意义的词语是什么
		4	近义替换	是否掌握与试题词语含义相近的词语及表现方法
语言知识·阅读 （40分钟）	语法	1	句子语法1 （语法形式判断）	是否能够判断语法形式合乎句子内容与否
		2	句子语法2 （语法形式判断）	是否能够准确而通顺地组织句子
		3	文章语法	是否能够判断句子符合上下文关系与否
	阅读	4	内容理解（短篇）	阅读简单描述学习、生活、工作等话题或场面的80字左右的文章后，是否能够理解其内容
		5	内容理解（中篇）	阅读简单描述日常话题或场面的250字左右的文章后，是否能够理解其内容
		6	信息检索	是否能够从说明书及通知等250字左右的信息素材中获取必要信息
听力 （30分钟）		1	问题理解	听到内容连贯的文章后，是否能够理解其内容（是否能够听取解决具体问题所需要的信息，并理解下一步应该怎么做）
		2	重点理解	听到内容连贯的文章后，是否能够理解其内容（是否能够根据事先提示的应注意听取的事项，来听取重点）
		3	语言表达	是否能够在看插图、听说明的同时，选择适当的语言表述
		4	即时应答	是否能够在听到较短的语言表述后选出适当的应答

新日本语能力考试 N4 考试题目的构成

考试科目 （考试时间）	试题结构		
		大题	考查内容
语言知识 （25分钟）	文字·词汇	1 汉字读法	是否能够读出用汉字书写的词语
		2 汉字书写	是否能够用汉字书写平假名所示词语
		3 前后关系	是否能够根据前后关系判断出规定意义的词语是什么
		4 近义替换	是否掌握与试题词语含义相近的词语及表现方法
		5 用法	是否了解该词在句中的用法
语言知识·阅读 （55分钟）	语法	1 句子语法1 （语法形式判断）	是否能够判断语法形式合乎句子内容与否
		2 句子语法2 （语法形式判断）	是否能够准确而通顺地组织句子
		3 文章语法	是否能够判断句子符合上下文关系与否
	阅读	4 内容理解（短篇）	阅读简单描述学习、生活、工作等话题或场面的100~200字的文章后，是否能够理解其内容
		5 内容理解（中篇）	阅读简单描述日常话题或场面的450字左右的文章后，是否能够理解其内容
		6 信息检索	是否能够从说明书及通知等400字左右的信息素材中获取必要信息
听力 （35分钟）		1 问题理解	听到内容连贯的文章后，是否能够理解其内容（是否能够听取解决具体问题所需要的信息，并理解下一步应该怎么做）
		2 重点理解	听到内容连贯的文章后，是否能够理解其内容（是否能够根据事先提示的应注意听取的事项，来听取重点）
		3 语言表达	是否能够在看插图、听说明的同时，选择适当的语言表述
		4 即时应答	是否能够在听到较短的语言表述后选出适当的应答

新日本语能力考试 N5N4 的合格标准

级别	考试科目	考试时间	得分项目	得分范围
N5	语言知识（文字·词汇）	20 分钟	语言知识（文字·词汇·语法）、阅读	0~120 分
	语言知识（语法）、阅读	40 分钟		
	听力	30 分钟	听力	0~60 分
	总计	90 分钟	总分	0~180 分

级别	考试科目	考试时间	得分项目	得分范围
N4	语言知识（文字·词汇）	25 分钟	语言知识（文字·词汇·语法）、阅读	0~120 分
	语言知识（语法）、阅读	55 分钟		
	听力	35 分钟	听力	0~60 分
	总计	115 分钟	总分	0~180 分

级别	总分		语言知识（文字·词汇·语法）、阅读		听力	
	得分范围	合格线	得分范围	及格线	得分范围	及格线
N5	0~180 分	80 分	0~120 分	38 分	0~60 分	19 分
N4	0~180 分	90 分	0~120 分	38 分	0~60 分	19 分

※ N5、N4 考试设有"语言知识（文字·词汇）""语言知识（语法）、阅读"及"听力"这 3 个科目，但是得分项目分为"语言知识（文字·词汇·语法）、阅读"及"听力"2 项。

※ 评定标准：通过总分和各单项得分共同评定是否合格。单项得分的及格线是指各单项得分至少应达到这一分数。如果各单项得分中有一项没有达到及格线，那么，无论总分多高，都不能视为合格。

目　录

附赠：听力原文及全部试题的译文、解析（获取方式请见封面）

新日本语能力考试

N5 全真模拟试题

N5 模擬テスト

<ruby>第<rt>だい</rt></ruby>1<ruby>回<rt>かい</rt></ruby>

げんごちしき（もじ・ごい）

（20 ぷん）

もんだい1 ＿＿＿＿＿の ことばは ひらがなで どう かきますか。1・2・3・4 から いちばん いい ものを ひとつ えらんで ください。

（れい） かぎは かばんの 下に ありました。

1 ちだ 　　　2 しだ　　　　3 ちた　　　　4 した

（かいとうようし）　（れい）　① ② ③ ●

---

1 たなかさんの へやは 広いです。

1 たかい　　　　2 ひくい　　　　3 ひろい　　　　4 せまい

2 もりさんは 目が おおきいです。

1 あし　　　　2 くち　　　　3 て　　　　4 め

3 ねる 前に ほんを よみます。

1 あと　　　　2 まえ　　　　3 うえ　　　　4 した

4 きょうは みずを たくさん 飲みました。

1 のみ　　　　2 すみ　　　　3 やすみ　　　　4 こみ

5 えんぴつが 三本 あります。

1 さんはい　　　2 さんばい　　　3 さんほん　　　4 さんぼん

6 あそこに 男の子が います。

1 おんなのこ　　　　　　　2 おんなのひと

3 おとこのこ　　　　　　　4 おとこのひと

7 せんしゅうの 金よう日は あめでした。

1 どようび　　　2 きんようび　　　3 すいようび　　　4 もくようび

もんだい2 ＿＿＿＿＿の ことばは どう かきますか。1・2・3・4から いちばん いい ものを ひとつ えらんで ください。

（れい） これは なんの ほんですか。

1 同　　　　2 何　　　　3 向　　　　4 佝

（かいとうようし）　（れい）　① ● ③ ④

---

8 やまださんは　いま　<u>えいご</u>を　べんきょうして　います。
　　1　央話　　　　　　2　央語　　　　　　3　英話　　　　　　4　英語

9 どれが　いちばん　<u>おおきい</u>ですか。
　　1　小きい　　　　　2　大きい　　　　　3　太きい　　　　　4　高きい

10 いちばん　すきな　いろは　<u>あか</u>です。
　　1　赤　　　　　　　2　青　　　　　　　3　緑　　　　　　　4　白

11 あねは　かみが　<u>ながい</u>です。
　　1　多い　　　　　　2　安い　　　　　　3　長い　　　　　　4　古い

12 はちじに　いえを　<u>でました</u>。
　　1　出ました　　　　2　来ました　　　　3　行ました　　　　4　帰ました

もんだい3　（　　　　）に　なにが　はいりますか。1・2・3・4から　いちばん
　　　　いい　ものを　ひとつ　えらんで　ください。

（れい）　きのう　（　　　　）で　かばんを　かいました。
　　　　1　スプーン　　2　ストーブ　　3　デパート　　4　ニュース
（かいとうようし）　| （れい） | ① ② ● ④ |

---

13 とりが　（　　　　）を　とんで　います。
　　1　そら　　　　　　2　とき　　　　　　3　みず　　　　　　4　かべ

14 しょくじの　まえに　てを　（　　　　）。
　　1　たべます　　　　2　つかいます　　　3　あびます　　　4　あらいます

15 きのう、（　　　　）に　のって　どうぶつえんへ　いきました。
　　1　タクシー　　　　2　ビル　　　　　　3　ホテル　　　　　4　メール

16 きょうは　カレーを　（　　　　）。
　　1　きりました　　　2　つくりました　　3　おしました　　　4　おきました

17 その　みせは　（　　　　）から　よく　いきます。
　　1　くらい　　　　　2　まずい　　　　　3　おいしい　　　　4　とおい

18 おとうとは　きょう　くろの　ぼうしを　（　　　　）います。
　　1　かけて　　　　　2　かぶって　　　　3　ぬいで　　　　　4　あげて

もんだい4　＿＿＿＿の　ぶんと　だいたい　おなじ　いみの　ぶんが　あります。1・2・3・4から　いちばん　いい　ものを　ひとつ　えらんで　ください。

（れい）　<u>ゆうべ　ゲームを　しました。</u>

1　おとといの　あさ　ゲームを　しました。

2　おとといの　よる　ゲームを　しました。

3　きのうの　あさ　ゲームを　しました。

4　きのうの　よる　ゲームを　しました。

（かいとうようし）

（れい）	① ② ③ ●

19 　<u>たんじょうびは　2がつ13にちです。</u>

1　2がつ13にちに　りょこうに　いきました。

2　2がつ13にちに　うまれました。

3　2がつ13にちに　だいがくに　はいりました。

4　2がつ13にちに　かいぎを　しました。

20 　<u>きょうは　かいしゃを　やすみました。</u>

1　きょうは　しごとを　しませんでした。

2　きょうは　りょうりを　しませんでした。

3　きょうは　せんたくを　しませんでした。

4　きょうは　べんきょうを　しませんでした。

21 　<u>じてんしゃを　しゅうりしました。</u>

1　じてんしゃを　かいました。

2　じてんしゃを　うりました。

3　じてんしゃを　かりました。

4　じてんしゃを　なおしました。

N5 模擬テスト

<ruby>第<rt>だい</rt></ruby>1<ruby>回<rt>かい</rt></ruby>

<ruby>言語知識<rt>げんごちしき</rt></ruby>（<ruby>文法<rt>ぶんぽう</rt></ruby>）・<ruby>読解<rt>どっかい</rt></ruby>

（40 ぷん）

もんだい1 （　　　　）に 何を 入れますか。1・2・3・4から いちばん
いい ものを 一つ えらんで ください。

（れい）　これ（　　　　）　まんねんひつです。

　　　　　1　に　　　　　2　を　　　　　3　は　　　　　4　や

（かいとうようし）　| （れい） | ①　②　●　④ |

1　あした　新幹線（　　　　）　大阪へ　行きます。

　　　1　を　　　　　　2　で　　　　　　3　に　　　　　　4　も

2　ひるごはんは　ラーメン（　　　　）　たべました。

　　　1　と　　　　　　2　か　　　　　　3　が　　　　　　4　を

3　おととい　ともだちと　山（　　　　）　のぼりました。

　　　1　の　　　　　　2　や　　　　　　3　に　　　　　　4　か

4　この　かばん（　　　　）　せんげつ　デパートで　買いました。

　　　1　から　　　　　2　と　　　　　　3　で　　　　　　4　は

5　森「田中さんは　よく　運動を　しますか。」

　　　田中「いいえ、（　　　　）　しませんよ。」

　　　1　また　　　　　2　よく　　　　　3　あまり　　　　4　そう

6　A「その　小説は　どうですか。」

　　　B「とても　（　　　　）　何回も　読みました。」

　　　1　おもしろい　　2　おもしろ　　　3　おもしろくて　4　おもしろいで

7　コンビニで　お弁当や　ジュース（　　　　）を　買いました。

　　　1　くらい　　　　2　など　　　　　3　ごろ　　　　　4　から

8　宿題が　（　　　　）あと、ともだちと　あそびに　行きます。

　　　1　終わる　　　　2　終わった　　　3　終わり　　　　4　終わって

9　A「お茶と　コーヒー、どちらに　しますか。」

　　　B「コーヒーで　（　　　　）。」

　　　1　ほしいです　　2　お願いします　3　ください　　　4　飲みません

もんだい2 ___★___ に 入る ものは どれですか。1・2・3・4から いちばん
いい ものを 一つ えらんで ください。

（もんだいれい）

A「鈴木さん、_____ _____ ___★___ _____ か。」
B「吉田さんです。」

　　1 です　　　　　2 は　　　　　　3 あの 人　　　4 だれ

（こたえかた）

1. ただしい 文を つくります。

> A「鈴木さん、_____ _____ ___★___ _____ か。」
> 　　　　　　　3 あの 人　　2 は　　4 だれ　　1 です
> B「吉田さんです。」

2. ___★___ に 入る ばんごうを くろく ぬります。

　　　（かいとうようし）　　| （れい） | ① ② ③ ● |

---

10 A「すみません。この 近く _____ ___★___ _____ _____ か。」
　　B「はい、あそこです。」

　　1 あります　　　　2 に　　　　　　3 が　　　　　4 スーパー

11 山下「森さん、にほんご _____ _____ ___★___ _____ ですか。」
　　森「らいしゅうの もくようびです。」

　　1 テスト　　　　2 は　　　　　3 の　　　　　4 いつ

12 きのう 買った _____ _____ ___★___ _____ です。

　　1 は　　　　　　2 コート　　　3 あたたかい　　4 かるくて

13 あした _____ _____ ___★___ _____ に 行きます。

　　1 いっしょに　　2 と　　　　　3 田中さん　　　4 公園

もんだい3 [14] から [17] に 何を 入れますか。ぶんしょうの いみを かんがえて、1・2・3・4から いちばん いい ものを 一つ えらんでください。

王さんと ジョンさんは さくぶんを 書いて、クラスの みんなの 前で 読みました。

(1) 王さんの さくぶん

私は 日本の 鍋料理が 好きです。日本の 鍋料理は どれも あまり からくありませんから、私は よく いろいろな 店に 食べに 行って います。

私の 故郷の 鍋料理は からいのが ほとんどです。私は からい ものが 苦手です。[14]、故郷では あまり 鍋料理を 食べません。

私が いちばん 好きな 鍋料理 [15] すき焼きです。牛肉も 野菜も 大好きです。甘くて おいしいです。

(2) ジョンさんの さくぶん

昨日、友だちと いっしょに カラオケに 行きました。私は スポーツは 得意です [16]、歌は あまり 上手では ありません。でも、友だちは 歌うのが 大好きです。はじめて 人の 前で 歌を 歌って 恥ずかしかったです。友だちは 「だんだん よく なって いるよ。」と 言いました。

昨日は とても 楽しかったです。また 歌を [17]。

[14]

   1 しかし   2 そして   3 だから   4 では

[15]

   1 も   2 は   3 の   4 で

[16]

   1 が   2 から   3 に   4 ので

17

1 歌いに 来ました　　　　　　　　2 歌いに 来たいです

3 歌いに 行きました　　　　　　　4 歌いに 行きたいです

もんだい4 つぎの （1）と （2）の ぶんしょうを 読んで、しつもんに こ
たえて ください。こたえは、1・2・3・4から いちばん いい も
のを 一つ えらんで ください。

（1）

　わたしは 小学生の ころは 毎日 歩いて 学校に 行きました。友だちと
いっしょに 歩きながら、話を したり、笑ったりして 楽しかったです。でも、
中学生に なって、学校が とおく なりましたから、今は じてんしゃで 通学
して います。

18　小学生の ころ、わたしは どうやって 学校に 行きましたか。

1 一人で じてんしゃで 行きました。

2 一人で 歩いて 行きました。

3 友だちと いっしょに じてんしゃで 行きました。

4 友だちと いっしょに 歩いて 行きました。

（2）

　これは マリアさんが クラスメートの キムさんに 書いた メールです。

キムさん

おはようございます。

わたしは 先週 田中さんから 本を 借りました。今日は 朝から 胃が
いたくて、これから びょういんに 行きます。学校には 行きませんから、
本は あさって 田中さんに 返します。

すみませんが、田中さんに 言って ください。

マリア

---

19 キムさんは 田中さんに 何と 言いますか。

1 「マリアさんは びょういんに 行きませんから、今日 本を 返します。」

2 「マリアさんは 学校に 来ませんから、あさって 本を 返します。」

3 「マリアさんは びょういんに 行きますが、本は 今日 返します。」

4 「マリアさんは 学校に 来ますが、本は あさって 返します。」

もんだい5 つぎの ぶんしょうを 読んで、しつもんに こたえて ください。
こたえは、1・2・3・4から いちばん いい ものを 一つ えらん
で ください。

これは グエンさんが 書いた さくぶんです。

日帰り旅行

グエン

先週 横浜へ 一人で 旅行に 行きました。

横浜は 東京から 電車で 約 1時間の ところに あります。あまり 遠くありませんから、泊まる つもりは ありませんでした。まず、横浜中華街に 行きました。たくさんの 中華料理店が ありました。小籠包を 買って、歩きながら 食べました。とても おいしかったです。

それから、ゆうめいな 公園に 行きました。海が 見える 広い 公園でした。きれいな しゃしんを たくさん とりました。空気も よくて 気持ちよかったです。

公園を 出て、歩いて ざっしで 見た おかしを 買いに 行きました。その 時、かばんに 財布が なくて びっくりしました。私は すぐに 小籠包の 店に 探しに 行きました。財布は そこに ありました。とても うれしかったです。店の 人に 「ほんとうに ありがとうございました。」と 言いました。

夜景も きれいだと 聞きましたが、あまり 時間が なくて、ゆうがた 電車に 乗って 東京に 帰りました。

横浜は いい 町でした。

---

20 「私」が 行かなかった ところは どこですか。

1 横浜 中華街

2 海が 見える 公園

3 おかしの 店

4 夜景を 見る ところ

21 どうして びっくりしましたか。

1 財布が なかったから

2 おかしの 店が 広かったから

3 公園の 空気が よかったから

4 財布が 小籠包の 店に あったから

もんだい6 つぎの ページを 見て、しつもんに こたえて ください。こたえは、
1・2・3・4から いちばん いい ものを 一つ えらんで ください。

22 オリビアさんは 毎週の 週末に アルバイトを して いますが、「日本の文学B」の 講座に 行きたいです。オリビアさんは いつ 行きますか。

1 5月7日

2 5月20日

3 5月21日

4 5月28日

中川町<ruby>なかがわまち</ruby>ニュース　№.42

5月<ruby>がつ</ruby>の　週末講座<ruby>しゅうまつこうざ</ruby>

5月<ruby>がつ</ruby>の　毎週週末<ruby>まいしゅうしゅうまつ</ruby>に、市民<ruby>しみん</ruby>センターで　「週末講座<ruby>しゅうまつこうざ</ruby>」を　します。

よかったら　参加<ruby>さんか</ruby>して　ください。

講　座	時　間
日本の文学A <ruby>に ほん</ruby> <ruby>ぶんがく</ruby>	5月6日（土曜日）14時～15時30分 5月20日（土曜日）14時～15時30分
日本の文学B <ruby>に ほん</ruby> <ruby>ぶんがく</ruby>	5月7日（日曜日）18時～19時30分 5月21日（日曜日）18時～19時30分
日本の歴史A <ruby>に ほん</ruby> <ruby>れき し</ruby>	5月13日（土曜日）14時～15時30分 5月27日（土曜日）14時～15時30分
日本の歴史B <ruby>に ほん</ruby> <ruby>れき し</ruby>	5月14日（日曜日）18時～19時30分 5月28日（日曜日）18時～19時30分

オリビアさんの　5月<ruby>がつ</ruby>の　アルバイト

	午前<ruby>ごぜん</ruby> （9：00～12：00）	午後<ruby>ご ご</ruby> （14：00～17：00）	夜<ruby>よる</ruby> （18：00～22：00）
5月6日<ruby>がつ</ruby><ruby>か</ruby>		アルバイト	
5月7日<ruby>がつ</ruby><ruby>か</ruby>			アルバイト
5月13日<ruby>がつ</ruby><ruby>にち</ruby>	アルバイト		
5月14日<ruby>がつ</ruby><ruby>か</ruby>			アルバイト
5月20日<ruby>がつ</ruby><ruby>か</ruby>	アルバイト		
5月21日<ruby>がつ</ruby><ruby>にち</ruby>		アルバイト	
5月27日<ruby>がつ</ruby><ruby>にち</ruby>	アルバイト		
5月28日<ruby>がつ</ruby><ruby>にち</ruby>		アルバイト	

N5 模擬テスト

第1回

聴解
ちょうかい

（30 ぷん）

もんだい1

　もんだい1では、はじめに　しつもんを　きいて　ください。それから　はなし
を　きいて、もんだいようしの　1から4の　なかから、いちばん　いい　ものを
ひとつ　えらんで　ください。

1ばん

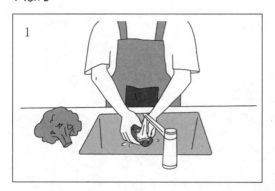

2 ばん

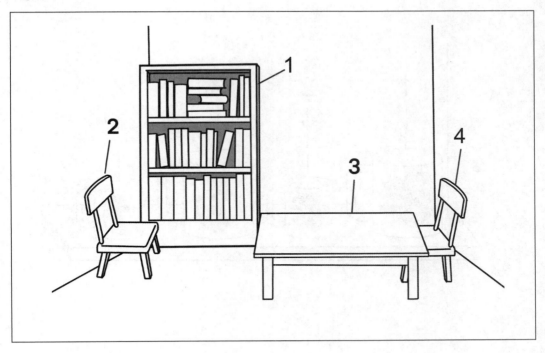

3 ばん

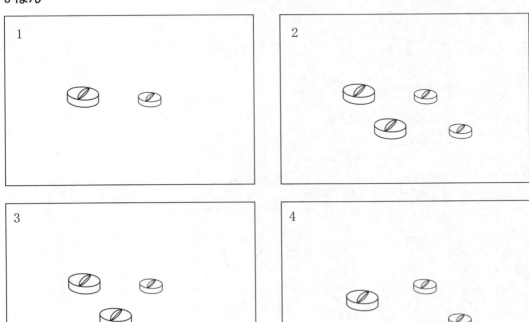

4 ばん

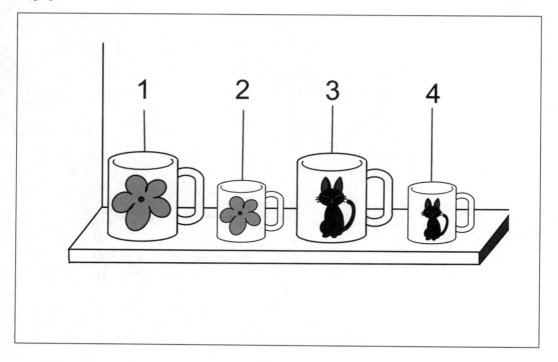

5 ばん

1 あか

2 くろ

3 あお

4 ちゃいろ

6 ばん

1 10 まい

2 17 まい

3 18 まい

4 20 まい

7ばん

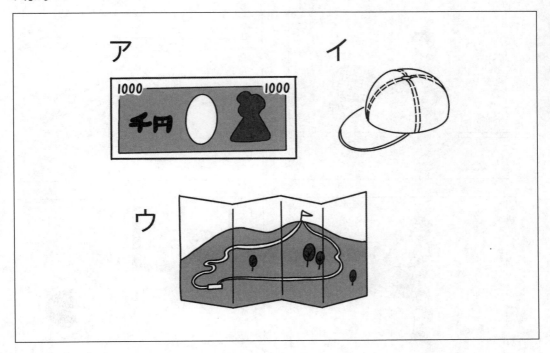

1 ア イ
2 ア ウ
3 イ ウ
4 ア イ ウ

もんだい2

　もんだい2では、はじめに　しつもんを　きいて　ください。それから　はなし
を　きいて、もんだいようしの　1から4の　なかから、いちばん　いい　ものを
ひとつ　えらんで　ください。

1ばん

1　おかあさん
2　おかあさんと　おとうさん
3　おとうさん
4　おとうさんと　あに

2 ばん

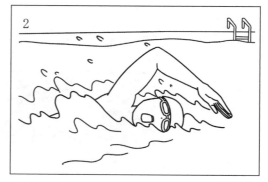

3 ばん

1 かようび

2 すいようび

3 もくようび

4 きんようび

4 ばん

5 ばん

6ばん

1　うみ　　　　　　　2　さかな　　　　　　3　やま　　　　　　　4　くだもの

もんだい3

　　もんだい3では、えを　みながら　しつもんを　きいて　ください。➡（やじるし）
の　ひとは　なんと　いいますか。1から3の　なかから、いちばん　いい　もの
を　ひとつ　えらんで　ください。

1ばん

2ばん

3 ばん

4 ばん

5ばん

もんだい4

　もんだい4は、えなどが　ありません。ぶんを　きいて、1から3の　なかから、いちばん　いい　ものを　ひとつ　えらんで　ください。

― メモ ―

N5 模擬テスト

<ruby>第<rt>だい</rt></ruby>2<ruby>回<rt>かい</rt></ruby>

げんごちしき（もじ・ごい）

（20 ぷん）

もんだい1 ＿＿＿＿＿の ことばは ひらがなで どう かきますか。1・2・3・4
から いちばん いい ものを ひとつ えらんで ください。

（れい） かぎは かばんの 下に ありました。
　　　　　1 ちだ 　　　　2 しだ 　　　　3 ちた 　　　　4 した
（かいとうようし）　| （れい） | ① ② ③ ● |

1 ちちは 会社に いきました。
　　1 かいしゃ 　　　2 かいしゅ 　　　3 がいしゃ 　　　4 がいしゅ
2 むすめは 猫が すきです。
　　1 いぬ 　　　　2 ねこ 　　　　3 くま 　　　　4 とり
3 にわに さくらの 木が あります。
　　1 はな 　　　　2 くさ 　　　　3 は 　　　　4 き
4 でんしゃで いちじかん 立って いました。
　　1 かえって 　　2 はいって 　　3 たって 　　4 いって
5 この セーターは 厚いです。
　　1 あつい 　　　2 さむい 　　　3 おもい 　　　4 おおい
6 つくえの うえに ほんが 八冊 あります。
　　1 いっさつ 　　2 はっさつ 　　3 ろくさつ 　　4 よんさつ
7 らいげつの 五日から なつやすみに はいります。
　　1 なのか 　　　2 いつか 　　　3 むいか 　　　4 ふつか

もんだい2 ＿＿＿＿＿の ことばは どう かきますか。1・2・3・4から いちば
ん いい ものを ひとつ えらんで ください。

（れい） これは なんの ほんですか。
　　　　　1 同 　　　　2 何 　　　　3 向 　　　　4 伺
（かいとうようし）　| （れい） | ① ● ③ ④ |

8	どんな しごとを して いますか。

1 仕作　　　　　2 仕事　　　　　3 工作　　　　　4 工事

9	まどを しめました。

1 家　　　　　2 戸　　　　　3 門　　　　　4 窓

10	こんしゅう テストが あります。

1 本週　　　　　2 今週　　　　　3 来週　　　　　4 下週

11	もう おそいから かえりましょう。

1 遅い　　　　　2 通い　　　　　3 過い　　　　　4 夜い

12	かいぎは ごじに おわりました。

1 完わりました　　　　　　　　2 終わりました

3 結わりました　　　　　　　　4 止わりました

もんだい3 （　　　　　）に なにが はいりますか。1・2・3・4から いちばん
　　　　　いい ものを ひとつ えらんで ください。

（れい）　きのう　（　　　　　）で かばんを かいました。

　　　　1 スプーン　　2 ストーブ　　3 デパート　　4 ニュース

（かいとうようし）　| （れい） | ① ② ● ④ |
| --- | --- |

13	やまだ「（　　　　　）は なにが いいですか。」

　　　さとう「ジュースを おねがい します。」

1 たべもの　　　　2 のみもの　　　　3 くだもの　　　　4 かいもの

14	きょうは けいたいでんわを いえに（　　　　　）。

1 わすれました　　2 あつめました　　3 ききました　　　4 おぼえました

15	あついから エアコンを （　　　　　）。

1 いれましょう　　　　　　　　2 おしえましょう

3 つけましょう　　　　　　　　4 たてましょう

16	たなかさんは （　　　　　）を かいて います。

1 ニュース　　　　2 レポート　　　　3 クラス　　　　4 ページ

17 きょうは　かぜが　（　　　　）です。

    1　わかい　　　　　2　まるい　　　　　3　いたい　　　　　4　つよい

18 きょうしつを　でる　とき　でんきを　（　　　　）　ください。

    1　しめて　　　　　2　けして　　　　　3　あけて　　　　　4　やすんで

もんだい4 ＿＿＿＿＿の　ぶんと　だいたい　おなじ　いみの　ぶんが　あります。
1・2・3・4から　いちばん　いい　ものを　ひとつ　えらんで　くだ
さい。

（れい）　　ゆうべ　ゲームを　しました。

    1　おとといの　あさ　ゲームを　しました。

    2　おとといの　よる　ゲームを　しました。

    3　きのうの　あさ　ゲームを　しました。

    4　きのうの　よる　ゲームを　しました。

（かいとうようし）　| （れい） | ① ② ③ ● |

19 いちねんまえに　にほんへ　きました。

    1　おととし　にほんへ　きました。

    2　きょねん　にほんへ　きました。

    3　おととい　にほんへ　きました。

    4　きのう　にほんへ　きました。

20 となりの　へやは　うるさいです。

    1　となりの　へやは　きれいじゃ　ありません。

    2　となりの　へやは　しずかじゃ　ありません。

    3　となりの　へやは　おおきいです。

    4　となりの　へやは　ちいさいです。

21 この　もんだいは　むずかしいです。

    1　この　もんだいは　おもしろいです。

    2　この　もんだいは　つまらないです。

    3　この　もんだいは　かんたんじゃ　ありません。

    4　この　もんだいは　たいへんじゃ　ありません。

N5 模擬テスト

第2回
<ruby>第<rt>だい</rt></ruby> 2 <ruby>回<rt>かい</rt></ruby>

<ruby>言語知識<rt>げんごちしき</rt></ruby>（<ruby>文法<rt>ぶんぽう</rt></ruby>）・<ruby>読解<rt>どっかい</rt></ruby>

（40 ぷん）

もんだい1 （　　　　）に 何を 入れますか。1・2・3・4から いちばん いい ものを 一つ えらんで ください。

（れい）　これ（　　　　）　まんねんひつです。

1 に　　　　　2 を　　　　　3 は　　　　　4 や

（かいとうようし）　| （れい） | ① ② ● ④ |

---

1 わたしは　週末、よく　田中さん（　　　　）　テニスを　します。

1 が　　　　　2 に　　　　　3 と　　　　　4 で

2 としょかん（　　　　）、大きな 声で　はなさないで ください。

1 には　　　　2 では　　　　3 とは　　　　4 へは

3 先週、うちの　猫が　2階（　　　　）　おちました。

1 へ　　　　　2 も　　　　　3 や　　　　　4 から

4 毎朝 7じ45ふんごろ　がっこう（　　　　）　着きます。

1 に　　　　　2 を　　　　　3 で　　　　　4 は

5 A「家は　駅から　とおいですか。」

B「いいえ、あるいて　10ぷん（　　　　）です。」

1 など　　　　2 ごろ　　　　3 まで　　　　4 ぐらい

6 A「きのうの　テストは　どうでしたか。」

B「むずかしくて　（　　　　）　できませんでしたよ。」

1 ぜんぜん　　　2 だんだん　　　3 まだ　　　4 すこし

7 わたしは　いつも　おんがくを　（　　　　）ながら　掃除を　します。

1 聞き　　　　2 聞く　　　　3 聞いた　　　　4 聞いて

8 A「その　本は　どこで　買いましたか。」

B「これは　姉に　（　　　　）。」

1 もらいました　　2 くれました　　3 もらいます　　4 くれます

9 （やおやで）

店の 人「いらっしゃいませ。」

田中「すみません、りんごを　四つ　（　　　　）。」

1 あります　　　2 します　　　3 ください　　　4 どうですか

もんだい2 ＿＿＿★＿＿ に 入る ものは どれですか。1・2・3・4から いちばん
いい ものを 一つ えらんで ください。

（もんだいれい）
A「鈴木さん、＿＿＿ ＿＿＿ ＿★＿ ＿＿＿ か。」
B「吉田さんです。」

　　　1 です　　　　2 は　　　　3 あの 人　　　4 だれ

（こたえかた）
1. ただしい 文を つくります。

A「鈴木さん、＿＿＿＿＿＿ ＿＿＿＿＿＿ ＿★＿＿＿ ＿＿＿＿＿ か。」
　　　　　　　3 あの 人　　2 は　　　4 だれ　　　1 です
B「吉田さんです。」

2. ＿★＿に 入る ばんごうを くろく ぬります。

（かいとうようし）　　（れい）　　① ② ③ ●

---

10 （教室で）
A「すみません、＿＿＿ ＿★＿ ＿＿＿ ＿＿＿ 貸して ください。」
B「あ、私のを どうぞ。」

　　　1 か　　　　　2 ペン　　　　3 誰　　　　　4 を

11 会社の ＿＿＿ ＿＿＿ ＿★＿ ＿＿＿ で はがきを 買いました。

　　　1 ある　　　2 に　　　　3 近く　　　　4 ゆうびんきょく

12 あには ＿＿＿ ＿＿＿ ＿★＿ ＿＿＿ れんしゅうを して います。

　　　1 週に　　　　2 サッカー　　3 3回　　　　4 の

13 南「あしたは 木村さんの たんじょうびですね。」
山下「いいえ、＿＿＿ ＿＿＿ ＿★＿ ＿＿＿ ですよ。」

　　　1 あさって　　2 では　　　　3 あした　　　4 なくて

もんだい3 14 から 17 に 何を 入れますか。ぶんしょうの いみを かん
がえて、1・2・3・4から いちばん いい ものを 一つ えらんで
ください。

リアムさんと レーさんは さくぶんを 書いて、クラスの みんなの 前で
読みました。

(1) リアムさんの さくぶん

　　私は まいばん 本を 読みます。よく 読む 本は 日本語 14 しょ
うせつです。今まで いろいろな しょうせつを 読みました。
　　きのう、としょかんへ 新しい しょうせつを 15 。家に 帰った あ
と、おそくまで 読んで いました。とても おもしろかったです。私は 本
を 読むのが 大好きで、これからも どんどん 読みたいです。

(2) レーさんの さくぶん

　　私の 家の ちかくに うどん屋が あります。いろいろな うどんが
あって、どれも 安くて おいしいです。自分で 料理を 16 ときは、よ
く その 店に 行きます。
　　私は いつも ふつうの うどんを 食べますが、「カレーうどん」を 食
べる 人も 17 。それも おいしそうですから、今度 私も 食べたい
です。

14
1 で　　　　　　2 の　　　　　　3 に　　　　　　4 が

15
1 借りに 行きました　　　　　　2 借りに 行くからです
3 借りに 来ました　　　　　　　4 借りに 来るからです

16
1 作って　　　　2 作った　　　　3 作りたい　　　　4 作らない

17
1 多く あります　　　　　　　　2 少なく あります
3 多く います　　　　　　　　　4 少なく います

もんだい4 つぎの （1）と （2）の ぶんしょうを 読んで、しつもんに こ
たえて ください。こたえは、1・2・3・4から いちばん いい も
のを 一つ えらんで ください。

（1）

　これまでは、えきの ちかくに 商店街が あって、いろいろな 店が 並ん
で いました。みんなは そこで かいものを しました。今年、公園の ちかく
に 大きな デパートが できて、みんなは そこで かいものを します。

18 今、みんなは どこで かいものを しますか。
　　1　えきの ちかくの 商店街
　　2　えきの ちかくの デパート
　　3　公園の ちかくの 商店街
　　4　公園の ちかくの デパート

（2）

　（会社で）
ジェームスさんの 机の 上に、この メモと レポートが あります。

┌───┐
│ ジェームスさん   │
│   │
│ 　ジェームスさんが 書いた レポートを 読みました。問題は ありません。│
│ 明日の 会議で 使いたいですから、これを 10部 コピーして ください。│
│ 　よろしく おねがいします。   │
│   │
│   10月25日　15：35 │
│   小嶋   │
└───┘

19 この メモを 読んで、ジェームスさんは 何を しますか。
　　1　レポートを 小嶋さんに 出します。
　　2　小嶋さんに 問題を 聞きます。
　　3　レポートを 10部 コピーします。
　　4　会議で レポートを 使います。

もんだい5 つぎの ぶんしょうを 読んで、しつもんに こたえて ください。
こたえは、1・2・3・4から いちばん いい ものを 一つ えらん
で ください。

これは ファムさんが 書いた さくぶんです。

友だちの お見舞い

ファム

先週 友だちの 森山さんが 足を けがして 入院しました。彼は 来月まで 学校に 来ませんから、さびしいです。ですから、おととい、わたしと キムさんは お見舞いに 行きました。

その 日、わたしたちは まず 買い物に 行きました。食べ物は どんなものが いいか わからないから、何も 買いませんでした。タオルと 森山さんが 好きな まんがを 買いました。それから、花も 買いました。買い物の あと、わたしたちは 電車で びょういんに 行きました。

びょういんに 来た わたしたちを 見て、森山さんは 「あっ、びっくりした。来て くれて ありがとう。会いたかったよ。」と 言いました。わたしたちは 持って いった ものを わたして、「たいへんだったね。今、体調は どう?」と 聞きました。「とても 元気だよ。今 すぐ 退院できるよ。」と 森山さんは 言いました。キムさんは 「それは むずかしいよ。」と 言いました。みんなで わらいました。

三人で いろいろ 学校の 話を して、楽しかったです。

20 「わたし」と キムさんは 森山さんに 何を あげましたか。
　1 食べ物と 花
　2 食べ物と タオル
　3 タオルと 花
　4 タオルと まんがと 花

21 何が むずかしいですか。
　1 森山さんが 今 退院します。
　2 森山さんが 来月 学校に 行きます。
　3 森山さんが 友だちの お見舞いに 行きます。
　4 森山さんが わたしたちと いっしょに わらいます。

もんだい6　下の　きじを　見て、しつもんに　こたえて　ください。こたえは、1・
　　　　　2・3・4から　いちばん　いい　ものを　一つ　えらんで　ください。

22　パクさんは　火曜日に　としょかんに　行きたいです。りょうりの　本が
　　たくさん　あって、CDも　ある　ところが　いいです。どの　としょかんに
　　行きますか。

1　①　　　　　　　　2　②　　　　　　　3　③　　　　　　　4　④

みどり町ニュースNo. 332

みどり町の　としょかん

みどり町には、としょかんが　四つ　あります。

CDや　DVDが　ある　ところも　あります。

みなさん、たくさん　かりに　来て　ください。

①　**一丸としょかん**	（駅から　歩いて　5分）	
	（休み：月曜日）	
旅行の　本と　おんがくの　本が　たくさん　あります。		
CDと　DVDは　ありません。		
②　**二丸としょかん**	（駅から　歩いて　2分）	
	（休み：水曜日）	
えいがの　本と　スポーツの　本が　たくさん　あります。		
CDと　DVDは　ありません。		
③　**三丸としょかん**	（駅から　歩いて　7分）	
	（休み：金曜日）	
どうぶつの　本と　りょうりの　本が　たくさん　あります。		
CDと　DVDも　あります。		
④　**四丸としょかん**	（駅から　歩いて　15分）	
	（休み：火曜日）	
りょうりの　本と　旅行の　本が　たくさん　あります。		
CDと　DVDも　あります。		

N5 模擬テスト

第2回
<ruby>だい<rt></rt></ruby> <ruby>かい<rt></rt></ruby>

聴 解
ちょうかい

（30 ぷん）

もんだい1

　もんだい1では、はじめに　しつもんを　きいて　ください。それから　はなし
を　きいて、もんだいようしの　1から4の　なかから、いちばん　いい　ものを
ひとつ　えらんで　ください。

1ばん

2 ばん

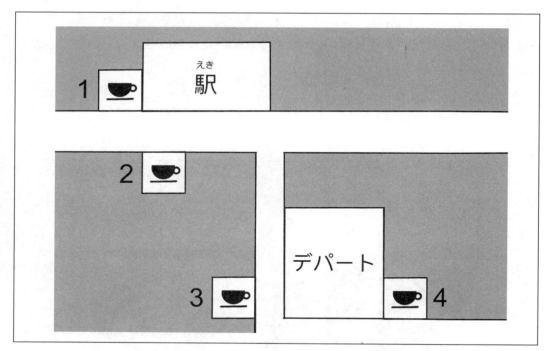

3 ばん

1 あつい　おちゃ

2 つめたい　おちゃ

3 あつい　コーヒー

4 つめたい　コーヒー

4ばん

1
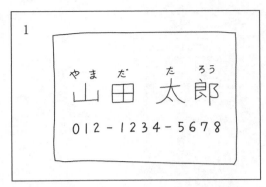

2
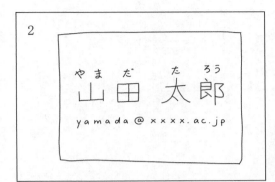

3

4
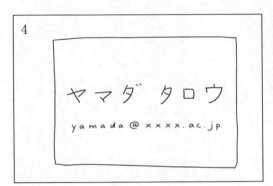

5ばん

1

2

3

4
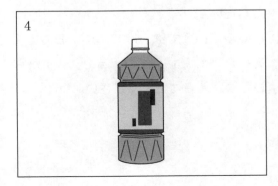

6ばん

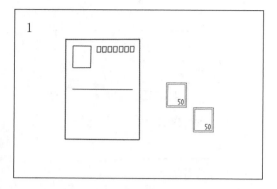

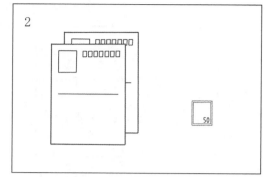

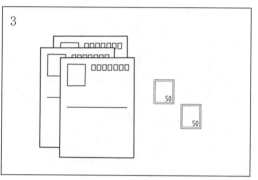

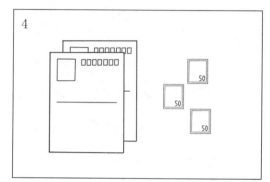

7ばん

1　8：20

2　8：30

3　9：00

4　10：00

もんだい2

　　もんだい2では、はじめに　しつもんを　きいて　ください。それから　はなし
を　きいて、もんだいようしの　1から4の　なかから、いちばん　いい　ものを
ひとつ　えらんで　ください。

1ばん

1　あしたの　ごぜん

2　あしたの　ごご

3　あさっての　ごぜん

4　あさっての　ごご

2ばん

3ばん

1　3がつ　15にち

2　3がつ　16にち

3　3がつ　17にち

4　3がつ　18にち

4 ばん

5 ばん

1　15 ふん

2　20 ぷん

3　45 ふん

4　1 じかん

6 ばん

1　きょうしつ

2　としょかん

3　いえ

4　きっさてん

もんだい3

　もんだい3では、えを　みながら　しつもんを　きいて　ください。➡（やじるし）
の　ひとは　なんと　いいますか。1から3の　なかから、いちばん　いい　もの
を　ひとつ　えらんで　ください。

1ばん

2 ばん

3 ばん

4 ばん

5 ばん

もんだい4

　もんだい4は、えなどが　ありません。ぶんを　きいて、1から3の　なかから、いちばん　いい　ものを　ひとつ　えらんで　ください。

― メモ ―

第 3 回
だい　かい

げんごちしき（もじ・ごい）

（20 ぷん）

もんだい1　_____の　ことばは　ひらがなで　どう　かきますか。1・2・3・4
　　　　　から　いちばん　いい　ものを　ひとつ　えらんで　ください。

（れい）　かぎは　かばんの　下に　ありました。

　　　　　1　ちだ　　　　　2　しだ　　　　　3　ちた　　　　　4　した

　　　　　（かいとうようし）　　| （れい） | ① ② ③ ● |

1　先月　ふるさとに　かえりました。

　　1　せんがつ　　　　2　せんげつ　　　　3　ぜんがつ　　　　4　ぜんげつ

2　きょうは　頭が　いたいです。

　　1　みみ　　　　　　2　はな　　　　　　3　あたま　　　　　4　おなか

3　この　じしょは　とても　重いです。

　　1　おもい　　　　　2　かるい　　　　　3　おおい　　　　　4　すくない

4　やまださんは　いすに　座って　います。

　　1　まって　　　　　2　もって　　　　　3　わかって　　　　4　すわって

5　そぼは　まいにち　庭の　そうじを　します。

　　1　にわ　　　　　　2　かわ　　　　　　3　やま　　　　　　4　いけ

6　あそこに　たって　いる　ひとは　たなかさんの　お母さんです。

　　1　おじいさん　　　2　おばあさん　　　3　おとうさん　　　4　おかあさん

7　かいぎは　九時から　はじまります。

　　1　ごじ　　　　　　2　くじ　　　　　　3　しちじ　　　　　4　ろくじ

もんだい2　_____の　ことばは　どう　かきますか。1・2・3・4から　いちば
　　　　　ん　いい　ものを　ひとつ　えらんで　ください。

（れい）　これは　なんの　ほんですか。

　　　　　1　同　　　　　2　何　　　　　3　向　　　　　4　伺

　　　　　（かいとうようし）　　| （れい） | ① ● ③ ④ |

8 せいとは さんじゅうにん います。

1 学生 　　　　　 2 生徒 　　　　　 3 学徒 　　　　　 4 生供

9 あしたは げつようびです。

1 火よう日 　　　 2 木よう日 　　　 3 月よう日 　　　 4 日よう日

10 ちけっとを 2まい かいました。

1 チケット 　　　 2 チクット 　　　 3 ナケット 　　　 4 ナクット

11 あかい ドレスを きて います。

1 被て 　　　　　 2 穿て 　　　　　 3 履て 　　　　　 4 着て

12 こどもは まだ ちいさいです。

1 小い 　　　　　 2 小さい 　　　　 3 少い 　　　　　 4 少さい

もんだい3 　（　　　　）に なにが はいりますか。1・2・3・4から いちばん
　　　　　いい ものを ひとつ えらんで ください。

（れい）　きのう　（　　　　）で　かばんを　かいました。

　　　　　1 スプーン　2 ストーブ　3 デパート　4 ニュース

（かいとうようし）　| （れい） | ① ② ● ④ |

13 さとうさんに かぞくの （　　　　）を みせました。

1 はなし 　　　　 2 しゃしん 　　　 3 ちず 　　　　　 4 たてもの

14 せんせいに さくぶんを （　　　　）。

1 だしました 　　 2 いいました 　　 3 たてました 　　 4 みました

15 ねる まえに （　　　　）を あびます。

1 テレビ 　　　　 2 マッチ 　　　　 3 ベッド 　　　　 4 シャワー

16 この さきの （　　　　）を みぎに まがって ください。

1 かど 　　　　　 2 まど 　　　　　 3 はな 　　　　　 4 そば

17 あきに なると （　　　　）なります。

1 ほそく 　　　　 2 ひくく 　　　　 3 すずしく 　　　　 4 つめたく

18 これから じゅぎょうを （　　　　）。

1 ならいます 　　 2 はじめます 　　 3 ならべます 　　 4 わたします

もんだい4 ＿＿＿＿＿の　ぶんと　だいたい　おなじ　いみの　ぶんが　あります。
1・2・3・4から　いちばん　いい　ものを　ひとつ　えらんで　くだ
さい。

（れい）　ゆうべ　ゲームを　しました。

1　おとといの　あさ　ゲームを　しました。

2　おとといの　よる　ゲームを　しました。

3　きのうの　あさ　ゲームを　しました。

4　きのうの　よる　ゲームを　しました。

（かいとうようし）　| （れい） | ① ② ③ ● |

19　たなかさんは　いなかに　すんで　います。

1　たなかさんは　いなかで　べんきょうして　います。

2　たなかさんは　いなかで　せいかつして　います。

3　たなかさんは　いなかで　さんぽを　しています。

4　たなかさんは　いなかで　りょこうを　しています。

20　その　ワンピースは　たかいです。

1　その　ワンピースは　あたたかく　ありません。

2　その　ワンピースは　やすく　ありません。

3　その　ワンピースは　すきじゃ　ありません。

4　その　ワンピースは　きらいじゃ　ありません。

21　まいばん　うんどうを　します。

1　まいにち　あさ　うんどうを　します。

2　まいにち　ひる　うんどうを　します。

3　まいにち　よる　うんどうを　します。

4　まいにち　ゆうがた　うんどうを　します。

N5 模擬テスト

第3回
<ruby>第<rt>だい</rt></ruby> 3 <ruby>回<rt>かい</rt></ruby>

<ruby>言語知識<rt>げんごちしき</rt></ruby>（<ruby>文法<rt>ぶんぽう</rt></ruby>）・<ruby>読解<rt>どっかい</rt></ruby>

（40 ぷん）

もんだい1 （　　　　）に 何を 入れますか。1・2・3・4から いちばん
いい ものを 一つ えらんで ください。

（れい）　これ（　　　　）　まんねんひつです。

　　　　　1　に　　　　　　2　を　　　　　　3　は　　　　　　4　や

（かいとうようし）　| （れい） | ① ② ● ④ |

1　この 服は 紙（　　　　）　できて います。

　　1　に　　　　　　2　で　　　　　　3　を　　　　　　4　へ

2　せんぱいに にほんご（　　　　）　小説を もらいました。

　　1　の　　　　　2　と　　　　　3　が　　　　　4　で

3　毎日 くじごろ おふろ（　　　　）　入ります。

　　1　を　　　　　2　に　　　　　3　から　　　　　4　まで

4　姉（　　　）　りょうりが できますが、わたし（　　　　）　できません。

　　1　に／に　　　2　も／も　　　3　は／は　　　4　を／を

5　今日は しごとの あと、（　　　）　家に かえりました。

　　1　よく　　　　　2　ちょっと　　　3　とても　　　　4　すぐに

6　この あたりは （　　　　）　しずかです。

　　1　きれいで　　2　きれいて　　3　きれいだ　　4　きれい

7　森「リーさんは 毎日 （　　　　）　学校に 来ますか。」

リー「じてんしゃです。」

　　1　だれが　　　　2　だれか　　　3　なにで　　　　4　なにか

8　A「なつやすみに なにを しますか。」

B「りょこうに （　　　　）。」

　　1　行きたいです　　　　　　　　　2　行って ください

　　3　行きましたよ　　　　　　　　　4　行きませんよ

9　A「ひるごはんは たべましたか。」

B「いいえ、まだ （　　　　）。」

　　1　たべます　　　　　　　　　　　2　たべました

　　3　たべて いません　　　　　　　4　たべましょう

もんだい2 ___★___ に 入る ものは どれですか。1・2・3・4から いちばん
いい ものを 一つ えらんで ください。

（もんだいれい）

A「鈴木さん、_____ _____ ___★___ _____ か。」

B「吉田さんです。」

　　　1 です　　　　2 は　　　　3 あの 人　　　4 だれ

（こたえかた）

1. ただしい 文を つくります。

> A「鈴木さん、_____ _____ ___★___ _____ か。」
> 　　　　　3 あの 人　　2 は　　4 だれ　　1 です
> B「吉田さんです。」

2. ___★___ に 入る ばんごうを くろく ぬります。

（かいとうようし）　|（れい）|① ② ③ ●|

10　私 _____ ___★___ _____ _____ ほんやが あります。

　　1 がっこうの　　2 近く　　　　3 の　　　　　　4 には

11　きのう _____ _____ ___★___ _____ みに 行きました。

　　1 いっしょに　　2 と　　　　3 中山さん　　　4 えいがを

12　そぼ _____ _____ ___★___ _____ とても おいしかったです。

　　1 は　　　　　　2 つくった　　3 が　　　　　4 ケーキ

13　A「どうぶつえんまで バス _____ _____ ___★___ _____ はやいで
　　　すか。」
　　B「バスの ほうが はやいです。」
　　1 どちら　　　　2 と　　　　3 電車と　　　4 が

もんだい3　14　から　17　に　何を　入れますか。ぶんしょうの　いみを　かんがえて、1・2・3・4から　いちばん　いい　ものを　一つ　えらんでください。

　　エミリーさんと　ブイさんは　さくぶんを　書いて、クラスの　みんなの　前で読みました。

（1）エミリーさんの　さくぶん

　　　私は　コーヒーを　飲むのが　好きです。よく　学校の　ちかくの　きっさてんで　飲みます。大好きな　コーヒーは　アメリカンコーヒーです。私の　国では　アメリカンコーヒーを　飲む　人が　多いです。　14　、日本では　いろいろな　しゅるいが　あって、アイスクリームが　のって　いるのも　あります。どれも　おいしいですから、アメリカンコーヒーは　あまり　人気が　ありません。
　　みなさんは　どんな　飲み物が　好きですか。好きな　飲み物を　15　。

（2）ブイさんの　さくぶん

　　　私の　家の　ちかくに　大きな　スーパーが　あります。その　スーパーには　なんでも　ありますから、よく　行きます。外国からの　ものも　売っています。私の　国　16　も　あります。そして、私の　好きな　チョコレートも　いろいろ　あります。
　　きのう、その　スーパーで　おかしと　アイスクリームを　17　。安くておいしいです。また　今度　買いに　行きたいです。

14
　　1　そして　　　　2　でも　　　　　3　だから　　　　　4　それから
15
　　1　教えに　行きます　　　　　　　2　教えて　います
　　3　教えに　来ませんか　　　　　　4　教えて　ください
16
　　1　が　　　　　　2　で　　　　　　3　の　　　　　　4　を

17

    1　買^かいました　　　　　　　　　　2　買^かって　いました

    3　買^かいませんでした　　　　　　4　買^かって　ください

もんだい4　つぎの　（1）と　（2）の　ぶんしょうを　読^よんで、しつもんに　こ
　　　　　　たえて　ください。こたえは、1・2・3・4から　いちばん　いい　も
　　　　　　のを　一^{ひと}つ　えらんで　ください。

（1）

　週末^{しゅうまつ}、わたしは　万年筆^{まんねんひつ}を　買^かいに　文房具屋^{ぶんぼうぐや}に　行^いきました。

　こうさてんを　左^{ひだり}に　まがります。道^{みち}の　左^{ひだり}がわと　右^{みぎ}がわに　文房具屋^{ぶんぼうぐや}が
あります。でも、左^{ひだり}がわの　文房具屋^{ぶんぼうぐや}には　万年筆^{まんねんひつ}が　ありませんでした。

　万年筆^{まんねんひつ}を　買^かって　家^{いえ}に　帰^{かえ}りました。

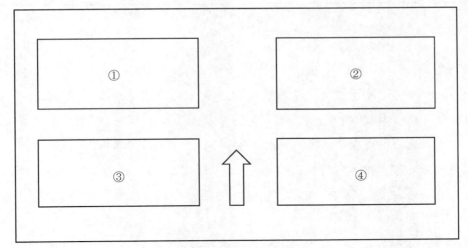

18　①、②、③、④の　中^{なか}で　「わたし」は　どこへ　行^いきましたか。

    1　①　　　　　　　　2　②　　　　　　　　3　③　　　　　　　　4　④

（2）

　ミンホは　わたしの　弟^{おとうと}です。中学生^{ちゅうがくせい}ですが、はじめて　見^みた　人^{ひと}は　よく
「リーさんの　お兄^{にい}さんですか。」と　聞^ききます。わたしより　背^せが　高^{たか}いからです。
小^{ちい}さい　ころは　ほかの　子^こどもより　低^{ひく}かったですが、運動^{うんどう}を　して、　ごはん

を　たくさん　食べて、背が　のびました。そして、今　運動も　上手です。

19　ミンホは　どんな　人ですか。
1　「わたし」の　弟です。小さい　ころから　背が　高いです。
2　「わたし」の　弟です。今は　背が　高くて、運動も　上手です。
3　「わたし」の　兄です。小さい　ころから　背が　高いです。
4　「わたし」の　兄です。今は　背が　低いですが、運動が　上手です。

もんだい5　つぎの　ぶんしょうを　読んで、しつもんに　こたえて　ください。
こたえは、1・2・3・4から　いちばん　いい　ものを　一つ　えらん
で　ください。

これは　ダンさんが　書いた　さくぶんです。

好きな　店

ダン

　私は　日本に　来る　前、ベトナムで　ラーメン屋で　半年　はたらきました。ラーメンが　好きだからです。今は　東京で　日本語を　勉強して　います。休みの　日は、いろいろな　ラーメン屋で　食事を　します。その　中で　いちばん　好きな　店は、家の　ちかくに　ある　「さっぽろ屋」です。
　「さっぽろ屋」は　木村さんの　店です。私は　よく　ラーメンを　食べながら　木村さんと　話を　します。木村さんは　北海道の　人で、よく　北海道の　おもしろい　話を　します。とても　楽しい　時間です。
　きのう、木村さんが　「来月から　『さっぽろ屋』は　なくなります。」と　言って、びっくりしました。「でも、商店街に　新しい　『さっぽろ屋』が　できます。遊びに　来て　ください。」と　木村さんが　言いました。場所が　変わるだけで、安心しました。
　「さっぽろ屋」が　大好きで、今度　新しい　「さっぽろ屋」に　行きたいです。

20　どうして　「私」は　ベトナムで　ラーメン屋で　はたらきましたか。
1　家の　ちかくに　あるから

2 休みに　よく　食べに　行ったから

3 ラーメンが　好きだから

4 日本語を　勉強したいから

[21] どうして　安心しましたか。

1 「さっぽろ屋」が　来月から　なくなるから

2 商店街の　「さっぽろ屋」が　なくなるから

3 木村さんが　新しい　「さっぽろ屋」へ　遊びに　行くから

4 「さっぽろ屋」は　場所が　変わるだけだから

もんだい6　つぎの　ページを　見て、しつもんに　こたえて　ください。こたえは、
　　　　　1・2・3・4から　いちばん　いい　ものを　一つ　えらんで　ください。

[22] アニクさんは　みかんと　牛肉を　安い　日に　買いたいです。いつ、どの
店へ　行きますか。

1 24日に①、25日に②　　　　　　2 24日に④、26日に③

3 25日に②、26日に①　　　　　　4 25日に②、26日に③

長川町の 来週の やすい 店
3月24日（金）・25日（土）・26日（日）

～ 安いですよ ～

たくさん 買って ください！

① やおや鈴木		② スーパー吉村	
24日（金） いちご	500円	24日（金） たまご	100円
25日（土） りんご	250円	25日（土） 牛乳	120円
26日（日） みかん	150円	26日（日） アイスクリーム	120円
③ 肉屋の 高尾		④ 西田スーパー	
24日（金） ぶた肉	300円	24日（金） みかん	130円
25日（土） とり肉	150円	25日（土） たまご	100円
26日（日） 牛肉	350円	26日（日） ヨーグルト	120円

N5 模擬テスト

<ruby>第<rt>だい</rt></ruby>**3**<ruby>回<rt>かい</rt></ruby>

第3回

<ruby>聴解<rt>ちょうかい</rt></ruby>

聴 解

（30 ぷん）

もんだい1

　もんだい1では、はじめに　しつもんを　きいて　ください。それから　はなし
を　きいて、もんだいようしの　1から4の　なかから、いちばん　いい　ものを
ひとつ　えらんで　ください。

1ばん

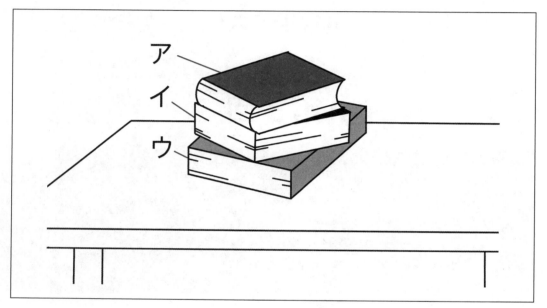

1　ア
2　アイ
3　イウ
4　アイウ

2 ばん

3 ばん

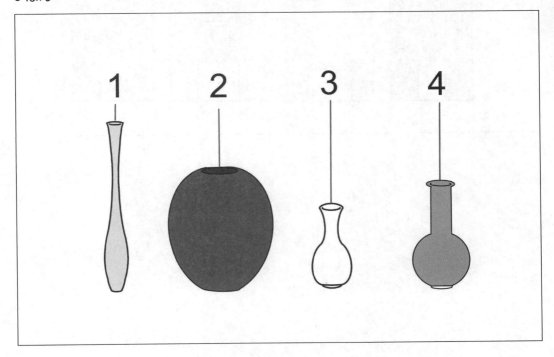

4 ばん

1 7：30

2 8：00

3 8：30

4 9：00

5 ばん

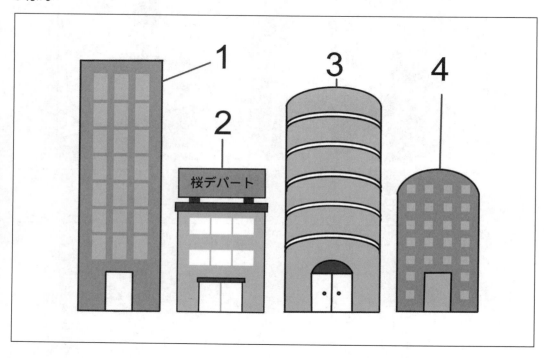

6 ばん

1 ア イ
2 ア ウ
3 イ ウ
4 ア イ ウ

7 ばん

1 こうえん
2 きょうしつ
3 ひがしえき
4 レストラン

もんだい2

　もんだい2では、はじめに　しつもんを　きいて　ください。それから　はなし
を　きいて、もんだいようしの　1から4の　なかから、いちばん　いい　ものを
ひとつ　えらんで　ください。

1 ばん

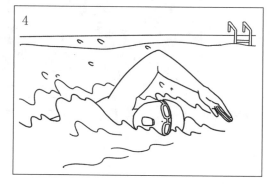

2 ばん

3ばん

1 6がつ

2 7がつ

3 8がつ

4 10がつ

4ばん

1 おかあさん

2 おとうさん

3 おとうと

4 ともだち

5ばん

1 あしたの　ごぜん

2 あしたの　ごご

3 あさっての　ごぜん

4 あさっての　ごご

6ばん

1 1さつ

2 2さつ

3 3さつ

4 4さつ

もんだい3

　もんだい3では、えを　みながら　しつもんを　きいて　ください。➡（やじるし）の　ひとは　なんと　いいますか。1から3の　なかから、いちばん　いい　ものを　ひとつ　えらんで　ください。

1 ばん

2 ばん

3ばん

4ばん

5ばん

もんだい4

　もんだい4は、えなどが　ありません。ぶんを　きいて、1から3の　なかから、いちばん　いい　ものを　ひとつ　えらんで　ください。

― メモ ―

N5 模擬テスト

第 4 回

げんごちしき（もじ・ごい）

（20 ぷん）

もんだい1 ＿＿＿＿＿の ことばは ひらがなで どう かきますか。1・2・3・4
から いちばん いい ものを ひとつ えらんで ください。

（れい） かぎは かばんの 下に ありました。
　　　　1 ちだ　　　　2 しだ　　　　3 ちた　　　　4 した

（かいとうようし）　| （れい）　| ①　②　③　● |

1 わたしは 兄が ふたり います。
　　1 ちち　　　　　2 はは　　　　　3 あに　　　　　4 あね

2 その 傘は わたしのです。
　　1 かぎ　　　　　2 かさ　　　　　3 ふく　　　　　4 くつ

3 この りょうりは 辛いです。
　　1 からい　　　　2 あまい　　　　3 みじかい　　　4 ながい

4 やまださんは だいがくの 先生です。
　　1 せんせ　　　　2 せんせい　　　3 せいせ　　　　4 せいせん

5 ちちは ビールを 四杯 のみました。
　　1 よんはい　　　2 よんばい　　　3 しはい　　　　4 しばい

6 まいにち バスに 乗って がっこうに いきます。
　　1 かかって　　　2 かって　　　　3 のって　　　　4 でて

7 えきの 向こうに デパートが あります。
　　1 こうこう　　　2 けんこう　　　3 むこう　　　　4 かこう

もんだい2 ＿＿＿＿＿の ことばは どう かきますか。1・2・3・4から いちば
ん いい ものを ひとつ えらんで ください。

（れい） これは なんの ほんですか。
　　　　1 同　　　　　2 何　　　　　3 向　　　　　4 伺

（かいとうようし）　| （れい）　| ①　●　③　④ |

8	コンビニの　となりに　ほんやが　あります。

1　書店　　　　　2　書屋　　　　　3　本店　　　　　4　本屋

9	あしたは　ようかです。

1　三日　　　　　2　四日　　　　　3　八日　　　　　4　十日

10	ここは　にがつが　いちばん　さむいです。

1　寒い　　　　　2　冷い　　　　　3　暑い　　　　　4　熱い

11	おかねが　なくて　こまって　います。

1　悩って　　　　2　困って　　　　3　苦って　　　　4　思って

12	いま　ピアノを　ならって　います。

1　学って　　　　2　習って　　　　3　受って　　　　4　教って

もんだい3　（　　　　）に　なにが　はいりますか。1・2・3・4から　いちばん
　　　　　いい　ものを　ひとつ　えらんで　ください。

（れい）　きのう　（　　　　）で　かばんを　かいました。

　　　　　1　スプーン　　2　ストーブ　　3　デパート　　4　ニュース

（かいとうようし）　　| （れい）　| ①　②　●　④ |

13	おじいさんは　（　　　　）を　よんで　います。

1　じかん　　　　2　しんぶん　　　3　えいが　　　　4　とけい

14	わたしの　へやは　この　アパートの　5（　　　　）に　あります。

1　かい　　　　　2　まい　　　　　3　だい　　　　　4　ねん

15	しんじゅくえきで　でんしゃを　（　　　　）。

1　おりました　　2　ふりました　　3　はしりました　4　とびました

16	さとうさんは　（　　　　）を　2だい　もって　います。

1　ペット　　　　2　ペン　　　　　3　パソコン　　　4　ポスト

17	あたらしい　ギターが　（　　　　）です。

1　ひくい　　　　2　よわい　　　　3　たのしい　　　4　ほしい

18	たまごを　れいぞうこに　（　　　　）。

1　かえしました　2　しめました　　3　えらびました　4　いれました

もんだい4 ＿＿＿＿＿の ぶんと だいたい おなじ いみの ぶんが あります。
1・2・3・4から いちばん いい ものを ひとつ えらんで くだ
さい。

(れい)　ゆうべ　ゲームを　しました。

1　おとといの　あさ　ゲームを　しました。

2　おとといの　よる　ゲームを　しました。

3　きのうの　あさ　ゲームを　しました。

4　きのうの　よる　ゲームを　しました。

(かいとうようし)　| (れい) | ①　②　③　● |

19　これから　しょくどうへ　いきます。

1　これから　ほんを　かりに　いきます。

2　これから　ごはんを　たべに　いきます。

3　これから　ペンを　かいに　いきます。

4　これから　りょうりを　つくりに　いきます。

20　ふくを　せんたくしました。

1　ふくは　あたらしいです。

2　ふくは　あたらしくないです。

3　ふくは　きれいです。

4　ふくは　きたないです。

21　きょうは　いい　てんきですね。

1　きょうは　はれですね。

2　きょうは　くもりですね。

3　きょうは　あめが　ふって　いますね。

4　きょうは　ゆきが　ふって　いますね。

N5 模擬テスト

<ruby>第<rt>だい</rt></ruby>**4**<ruby>回<rt>かい</rt></ruby>

<ruby>言語知識<rt>げんごちしき</rt></ruby>（<ruby>文法<rt>ぶんぽう</rt></ruby>）・<ruby>読解<rt>どっかい</rt></ruby>

（40 ぷん）

もんだい1　（　　　　）に　何を　入れますか。1・2・3・4から　いちばん
　　　　　いい　ものを　一つ　えらんで　ください。

（れい）　これ（　　　　）　まんねんひつです。

　　　　　1　に　　　　　　2　を　　　　　　3　は　　　　　4　や

（かいとうようし）　| （れい） | ① ② ● ④ |

1　今　きょうしつには　学生が　一人（　　　　　）　いません。

　　1　は　　　　　　　2　と　　　　　　　3　で　　　　　　4　も

2　ここに　黒い　ペン（　　　　　）　なまえを　書いて　ください。

　　1　に　　　　　　　2　は　　　　　　　3　へ　　　　　　4　で

3　わたしは　15さいです。弟は　10さいです。わたしは　弟（　　　　　）
　　5さい　うえです。

　　1　から　　　　　　2　まで　　　　　　3　より　　　　　4　など

4　この　あいだの　テストで　いい　せいせき（　　　　　）　とりました。

　　1　を　　　　　　　2　が　　　　　　　3　や　　　　　　4　か

5　山田「佐藤さん、その　ざっしは　（　　　　　）　ざっしですか。」
　　佐藤「これは　くるまの　ざっしです。」

　　1　どこの　　　　　2　なんの　　　　　3　だれの　　　　4　いつの

6　息子は　けさ　あさごはんを　（　　　　　）　がっこうに　行きました。

　　1　たべながら　　2　たべるながら　　3　たべないで　　4　たべるないで

7　父は　夜　7じ（　　　　　）　かえって　きます。

　　1　ごろ　　　　　　2　たち　　　　　　3　たり　　　　　4　ちょっと

8　わたしは　小さい　（　　　　　）、おばあさんと　いなかに　住んで　いま
　　した。

　　1　ほう　　　　　　2　のほう　　　　　3　とき　　　　　4　のとき

9　A「のみものは　なにが　いいですか。コーヒーと　こうちゃが　あります
　　　　が。」

　　B「こうちゃ（　　　　　）。」

　　1　を　おねがいします　　　　　　　　2　を　おねがいです

　　3　に　ください　　　　　　　　　　　4　に　して　ください

もんだい2 ___★___ に 入る ものは どれですか。1・2・3・4から いちばん
　　　　 いい ものを 一つ えらんで ください。

（もんだいれい）
　A「鈴木さん、____ ____ ___★___ ____ か。」
　B「吉田さんです。」
　　　1 です　　　　2 は　　　　3 あの 人　　4 だれ

（こたえかた）
1. ただしい 文を つくります。

A「鈴木さん、_____ _____ ___★___ _____ か。」
3 あの 人　　2 は　　4 だれ　　1 です
B「吉田さんです。」

2. ___★___ に 入る ばんごうを くろく ぬります。

（かいとうようし）　| （れい） | ① ② ③ ● |

10 池 ____ ___★___ ____ ____ たくさん います。
　　1 に　　　　　2 さかな　　　3 が　　　　　4 は

11 きょう 私は ____ ____ ___★___ ____ テニスに 行きました。
　　1 の　　　　　2 じゅぎょう　3 で　　　　　4 あと

12 A「すみません、駅は どこですか。」
　　B「次の ____ ____ ___★___ ____ まがって ください。」
　　1 を　　　　　2 しんごう　　3 に　　　　　4 左

13 私は たんじょうびに ____ ____ ___★___ ____ 使って います。
　　1 たいせつに　　　　　　　　2 祖父に
　　3 まんねんひつを　　　　　　4 もらった

もんだい3　14 から 17 に 何を 入れますか。ぶんしょうの いみを かんがえて、1・2・3・4から いちばん いい ものを 一つ えらんでください。

　　ノアさんと ファムさんは さくぶんを 書いて、クラスの みんなの 前で読みました。

（1）ノアさんの さくぶん

> 　　私は 毎日 ちかてつに 乗って 学校に 行きます。休みの 日 14
> ちかてつに 乗ります。先週の 土曜日は、家から デパートまで ちかてつで
> 出かけました。デパートで かいものを した あとで、デパートの 近くの
> 駅から 動物園駅まで 乗りました。そこで パンダを 見ました。15 、
> ちかてつで 帰りました。ちかてつは とても べんりです。

（2）ファムさんの さくぶん

> 　　休みの 日に 私は よく 山を のぼりに 行きます。先週の 日曜日
> は、友だちと 町 16 いちばん 高い 山に のぼりました。朝 8時に
> 山の 上に むかって 出発しました。友だちと 話を したり、写真を
> とったり しました。10時半に 上に つきました。そこから 見た けしき
> は とても きれいでした。
> 17 、楽しかったです。また 家族や 友だちと 山に 行きたいです。

14
1 も　　　　　　2 で　　　　　　3 から　　　　　　4 まで

15
1 そして　　　　2 それで　　　　3 これから　　　　4 それから

16
1 に　　　　　　2 を　　　　　　3 で　　　　　　4 も

17
1 つかれませんでしたが　　　　　2 つかれましたが
3 つかれなかったから　　　　　　4 つかれたから

もんだい4 つぎの （1）と （2）の ぶんしょうを 読んで、しつもんに こたえて ください。こたえは、1・2・3・4から いちばん いい ものを 一つ えらんで ください。

（1）

わたしは 毎朝 友だちの 小松さんと いっしょに 学校に 行きます。電車で 小松さんと 話を したり おんがくを 聴いたり して、楽しいです。でも、きのう 小松さんは かぜを ひいて 学校に 行きませんでした。だから、私は 一人で 学校に 行きました。

18 「わたし」は どうして きのう 一人で 学校に 行きましたか。

　　1 「わたし」が かぜを ひいたから
　　2 「わたし」が 一人で 行きたかったから
　　3 友だちと いっしょに 行くのが 楽しくなかったから
　　4 友だちが かぜで 学校に 行かなかったから

（2）

これは レベッカさんが 友だちの 山本さんに 書いた はがきです。

山本さん

お元気ですか。
わたしは 今 京都です。
京都の いろいろな ところに 行って、しゃしんを たくさん とりました。
とても きれいな 町です。きのう 京都の お茶を 買いました。山本さん
と いっしょに 飲みたいです。
明日 帰りますから、あさって （　　　　）。

7月17日

　　　　　　　　　　　　　　　　　　　　　　　　　　　　レベッカ

19 （　　　　）の　中に　入る　文は　どれですか。

1　いっしょに　京都に　行きませんか

2　京都に　来て　しゃしんを　とりませんか

3　いっしょに　お茶を　飲みながら　しゃしんを　見ませんか

4　山本さんも　京都に　来て　いっしょに　お茶を　飲みませんか

もんだい5　つぎの　ぶんしょうを　読んで、しつもんに　こたえて　ください。
こたえは、1・2・3・4から　いちばん　いい　ものを　一つ　えらん
で　ください。

これは　オムさんが　書いた　さくぶんです。

しゅくだいと　私

オム

　日曜日、私は　友だちと　遊びに　行きました。午前は、映画を　見に　行きました。午後は　テニスを　しました。ゆうがた　5時まで　しましたから、たいへん　つかれました。家に　帰って、シャワーを　浴びました。それから、自分の　部屋に　行って、机の　上の　テキストと　ノートを　見ました。「あっ、しゅくだいを　忘れました。」と　気づきました。

　しゅくだいは　量は　多く　ありませんが、さくぶんが　ありますから、<u>夜遅くまで　書きました</u>。そして、月曜日の　朝も　早く　起きて、しゅくだいを　もう　一度　見ました。学校に　行って、しゅくだいを　かばんから　出しました。しかし、クラスメートの　チンさんは　「しゅくだいを　出すのは　今日ではなく、明日ですよ。今日　山田先生は　学校に　来ないからです。」と　言いました。

　そうですね。まちがえました。

---

20 どうして　<u>夜遅くまで　書きました</u>か。

1　しゅくだいの　量が　多かったから

2　友だちと　テニスを　して　つかれたから

3　テキストと　ノートを　学校に　忘れたから

4　しゅくだいに　さくぶんが　あるから

21　オムさんは　何を　まちがえましたか。

1　学校に　行く　日

2　しゅくだいの　量

3　しゅくだいを　出す　日

4　友だちと　テニスを　する　日

もんだい6　つぎの　ページを　見て、しつもんに　こたえて　ください。こたえは、
　　　　　　1・2・3・4から　いちばん　いい　ものを　一つ　えらんで　ください。

22　ミアさんは　平日は　日本語学校に　行きますから、週末に　旅行に　行き
たいです。山へ　行きたいです。どの　旅行に　行きますか。

1　①

2　②

3　③

4　④

旅行会社　スズキ

秋の　旅行に　行きましょう

①	**もみじの　旅** 郊外の　山で　もみじの　しゃしんを　たくさん　とりましょう。 バスで　西田町へ　行きます。 10月7日（土）　～　8日（日）
②	**海の　旅** 海の　中で　魚と　泳ぎましょう。 新幹線で　川海町へ　行きます。 10月13日（金）　～　16日（月）
③	**山の　旅** 山に　のぼって、上からの　景色を　楽しみましょう。 ひこうきで　北川町へ　行きます。 10月19日（木）　～　21日（土）
④	**食べ物の　旅** 地元の　市場に　行って、おいしい　ものを　食べましょう。 電車で　倉田町へ　行きます。 10月28日（土）　～　29日（日）

電話：03-4512-7481

N5 模擬テスト

第4回

だい　かい

聴解

ちょうかい

（30 ぷん）

もんだい1

　もんだい1では、はじめに　しつもんを　きいて　ください。それから　はなし
を　きいて、もんだいようしの　1から4の　なかから、いちばん　いい　ものを
ひとつ　えらんで　ください。

1ばん

2 ばん

3 ばん

1
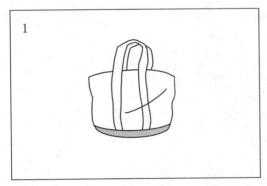

2
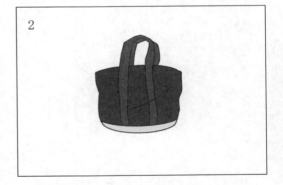

3
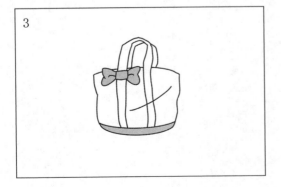

4

4ばん

1 かようびの　9じ
2 かようびの　4じ
3 すいようびの　9じ
4 すいようびの　4じ

5ばん

1 パン
2 おちゃ
3 コーヒーと　パン
4 おちゃと　パン

6ばん

1 えいがかん
2 えき
3 きっさてんの　まえ
4 はなやの　まえ

7 ばん

もんだい2

　もんだい2では、はじめに　しつもんを　きいて　ください。それから　はなし
を　きいて、もんだいようしの　1から4の　なかから、いちばん　いい　ものを
ひとつ　えらんで　ください。

1 ばん

1　1ねんかん

2　2ねんかん

3　3ねんかん

4　4ねんかん

2 ばん

3 ばん

1 やま

2 やまと　かわ

3 うみ

4 うみと　プール

4 ばん

1 ５じ

2 ５じはん

3 ６じ

4 ６じはん

5 ばん

1

2

3

4

6 ばん

1 1かい
2 2かい
3 3がい
4 4かい

もんだい3

　もんだい3では、えを みながら しつもんを きいて ください。➡（やじるし）の ひとは なんと いいますか。1から3の なかから、いちばん いい ものを ひとつ えらんで ください。

1 ばん

2 ばん

3 ばん

4 ばん

5 ばん

もんだい4

　もんだい4は、えなどが　ありません。ぶんを　きいて、1から3の　なかから、いちばん　いい　ものを　ひとつ　えらんで　ください。

— メモ —

N5 模擬テスト

<ruby>第<rt>だい</rt></ruby> 5 <ruby>回<rt>かい</rt></ruby>

げんごちしき （もじ・ごい）

（20 ぷん）

もんだい1 ＿＿＿＿＿の ことばは ひらがなで どう かきますか。1・2・3・4
から いちばん いい ものを ひとつ えらんで ください。

―――――――――――――――――――――――――――――――――――――

（れい） かぎは かばんの <u>下</u>に ありました。

1 ちだ　　　　　2 しだ　　　　　3 ちた　　　　　4 した

（かいとうようし）　| （れい） | ① ② ③ ● |

―――――――――――――――――――――――――――――――――――――

1 <u>来週</u> ふゆやすみに はいります。

1 せんしゅ　　　2 せんしゅう　　3 らいしゅ　　　4 らいしゅう

2 いえの まえに <u>池</u>が あります。

1 かわ　　　　　2 うみ　　　　　3 いし　　　　　4 いけ

3 さとうを <u>取って</u> ください。

1 とって　　　　2 おって　　　　3 つくって　　　4 あらって

4 ちちは いつも <u>忙しい</u>です。

1 したしい　　　2 いそがしい　　3 きびしい　　　4 やさしい

5 たろうは いま <u>宿題</u>を やって います。

1 しゅくたい　　2 しょくたい　　3 しゅくだい　　4 しょくだい

6 きょうしつには がくせいが <u>何人</u> いますか。

1 なんにん　　　2 なんじん　　　3 なににん　　　4 なにじん

7 <u>四月</u>から だいがくせいに なります。

1 よがつ　　　　2 しがつ　　　　3 よんがつ　　　4 しちがつ

もんだい2 ＿＿＿＿＿の ことばは どう かきますか。1・2・3・4から いちば
ん いい ものを ひとつ えらんで ください。

―――――――――――――――――――――――――――――――――――――

（れい） これは <u>なん</u>の ほんですか。

1 同　　　　　　2 何　　　　　　3 向　　　　　　4 佪

（かいとうようし）　| （れい） | ① ● ③ ④ |

―――――――――――――――――――――――――――――――――――――

8	あねは　えが　じょうずです。

1　画　　　　　　　2　描　　　　　　　3　書　　　　　　　4　絵

9	いもうとは　ケーキを　たべて　います。

1　飯べて　　　　　2　位べて　　　　　3　食べて　　　　　4　飲べて

10	リーさんは　おおきい　にもつを　もって　います。

1　大い　　　　　　2　太い　　　　　　3　大きい　　　　　4　太きい

11	きっぷを　2まい　かいました。

1　切符　　　　　　2　切票　　　　　　3　紙符　　　　　　4　紙票

12	らいげつの　ここのかに　とうきょうに　いきます。

1　七日　　　　　　2　八日　　　　　　3　九日　　　　　　4　十日

もんだい3　（　　　　）に　なにが　はいりますか。1・2・3・4から　いちばん
　　　　　　いい　ものを　ひとつ　えらんで　ください。

（れい）　きのう　（　　　　）で　かばんを　かいました。

　　　　　1　スプーン　　2　ストーブ　　3　デパート　　4　ニュース

（かいとうようし）　　| （れい） | ① ② ● ④ |
|---|---|

13	おなかが　いたいですから、（　　　　）へ　行きます。

1　ぎんこう　　　　2　かいしゃ　　　　3　こうえん　　　　4　びょういん

14	まいにち　にほんごの　たんごを　（　　　　）。

1　うたいます　　2　おぼえます　　3　しります　　　4　みがきます

15	むすめは　7（　　　　）で　しょうがくせいです。

1　ねん　　　　　　2　はい　　　　　　3　さい　　　　　　4　さん

16	あの　ひとは　タバコを　（　　　　）　います。

1　はなし　　　　　2　よび　　　　　　3　ふいて　　　　　4　すって

17	この　あたりは　こうつうが　（　　　　）です。

1　きれい　　　　　2　にぎやか　　　　3　べんり　　　　　4　おなじ

18	かぎは　ズボンの　（　　　　）の　なかに　あります。

1　シャツ　　　　　2　ドレス　　　　　3　スリッパ　　　　4　ポケット

もんだい4　＿＿＿＿＿の　ぶんと　だいたい　おなじ　いみの　ぶんが　あります。
1・2・3・4から　いちばん　いい　ものを　ひとつ　えらんで　ください。

（れい）　ゆうべ　ゲームを　しました。

1　おとといの　あさ　ゲームを　しました。

2　おとといの　よる　ゲームを　しました。

3　きのうの　あさ　ゲームを　しました。

4　きのうの　よる　ゲームを　しました。

（かいとうようし）

（れい）	① ② ③ ●

19　なにか　しつもんは　ありますか。

1　なにか　やりたい　ことは　ありますか。

2　なにか　ききたい　ことは　ありますか。

3　なにか　つくりたい　ものは　ありますか。

4　なにか　よみたい　ものは　ありますか。

20　この　スープは　まずいです。

1　この　スープは　しょっぱいです。

2　この　スープは　すっぱいです。

3　この　スープは　こく　ありません。

4　この　スープは　おいしく　ありません。

21　きょうは　わたしが　ごはんを　つくりました。

1　きょうは　わたしが　りょうりを　しました。

2　きょうは　わたしが　さんぽを　しました。

3　きょうは　わたしが　そうじを　しました。

4　きょうは　わたしが　かいものを　しました。

N5 模擬テスト

だい かい
第 5 回

言語知識（文法）・読解

（40 ぷん）

もんだい1 （　　　　）に　何を　入れますか。1・2・3・4から　いちばん
いい　ものを　一つ　えらんで　ください。

（れい）　これ（　　　　）　まんねんひつです。

　　　　　1　に　　　　　　2　を　　　　　　3　は　　　　　4　や

（かいとうようし）　（れい）　①　②　●　④

---

1 この　まちは　冬に　よく　雪（　　　　）　ふります。

　　1　は　　　　　　　2　を　　　　　　3　が　　　　　　4　の

2 道（　　　　）　わたる　とき、気を　つけて　ください。

　　1　を　　　　　　　2　に　　　　　　3　で　　　　　　4　や

3 先週、森さんと　ふたり（　　　　）　りょこうに　行きました。

　　1　や　　　　　　　2　は　　　　　　3　と　　　　　　4　で

4 中山「この　ぼうしは　南さん（　　　　）　ですか。」

　　　南「はい、そうです。」

　　1　が　　　　　　　2　の　　　　　　3　も　　　　　　4　へ

5 わたしは　歌を　歌うのが　好きですが、あまり　上手（　　　　）。

　　1　ありません　　　　　　　　　　2　じゃありません

　　3　でありません　　　　　　　　　4　はありません

6 太郎は　家に　かえってから　（　　　　）　しゅくだいを　して　います。

　　1　ぜんぜん　　　2　とくに　　　3　また　　　　　　4　ずっと

7 この　うどん屋は　（　　　　）　おいしいです。

　　1　やすいて　　　2　やすいで　　　3　やすくて　　　4　やすくで

8 田中「木村さんは　しゅうまつ　なにを　しますか。」

　　木村「よく　本を　読んだり、テレビを　（　　　　）。」

　　1　見たりします　　　　　　　　　2　見たりです

　　3　見るなどします　　　　　　　　4　見るなどです

9 A「これから　しょくじに　行きますが、いっしょに　どうですか。」

　　B「いいですね。（　　　　）。」

　　1　行きません　　　　　　　　　　2　行きましょう

　　3　行きました　　　　　　　　　　4　行きませんか

もんだい2 ＿＿＿★＿＿ に 入(はい)る ものは どれですか。1・2・3・4から いちばん

いい ものを 一(ひと)つ えらんで ください。

（もんだいれい）

A「鈴木(すずき)さん、＿＿＿＿ ＿＿＿＿ ＿★＿ ＿＿＿＿ か。」

B「吉田(よしだ)さんです。」

　　1 です　　　　2 は　　　　　3 あの 人(ひと)　　4 だれ

（こたえかた）

1. ただしい 文(ぶん)を つくります。

A「鈴木(すずき)さん、＿＿＿＿＿＿＿ ＿＿＿＿＿＿＿ ＿＿＿★＿＿＿ ＿＿＿＿＿＿＿ か。」

　　　　　　3 あの 人(ひと)　2 は　　4 だれ　　1 です

B「吉田(よしだ)さんです。」

2. ＿＿★＿＿ に 入(はい)る ばんごうを くろく ぬります。

（かいとうようし）　　（れい）　　① ② ③ ●

---

10 A「がっこう ＿＿＿＿ ＿★＿ ＿＿＿＿ ＿＿＿＿ 行(い)って いますか。」

B「私(わたし)は 歩(ある)いて いきます。」

　　1 何(なに)　　　　2 へ　　　　　3 で　　　　　4 は

11 テレビの ＿＿＿＿ ＿＿＿＿ ＿★＿ ＿＿＿＿ あさごはんを 食(た)べます。

　　1 ながら　　　　2 を　　　　　3 ニュース　　4 見(み)

12 この ＿＿＿＿ ＿＿＿＿ ＿★＿ ＿＿＿＿ から、とても すきです。

　　1 色(いろ)が　　　2 かばんは　　3 明(あか)るくて　　4 軽(かる)い

13 れいぞうこの ＿＿＿＿ ＿＿＿＿ ＿★＿ ＿＿＿＿ あります。

　　1 に　　　　　2 四(よっ)つ　　3 りんごが　　4 中(なか)

もんだい3 [14] から [17] に 何を 入れますか。ぶんしょうの いみを かんがえて、1・2・3・4から いちばん いい ものを 一つ えらんでください。

　　メイソンさんと 王さんは さくぶんを 書いて、クラスの みんなの 前で読みました。

(1) メイソンさんの　さくぶん

　　きのう、私は はじめて 卓球を しました。私の 国 [14] 卓球をする 人が あまり いませんから、ルールが わかりません。友だちの 山村さんが 「ルールは かんたんです。教えますよ。」と 言いました。私はそれを 聞いて あんしんしました。
　　朝 7時半から 3時間も したので、たいへん つかれました。[15] 、卓球は とても おもしろいです。楽しかったです。また 卓球を したいです。卓球が 好きな 人は いっしょに 行きませんか。

(2) 王さんの　さくぶん

　　週末、家の ちかくの 店で はじめて 冷麺を 食べました。つめたいスープの 中に こおりが あって、びっくりしました。私は ふるさとでつめたい めんを 食べた ことが ないですから、とても [16] 。おいしかったです。暑い 日に 食べた ほうが いいです。また [17] 行きたいです。
　　みなさんが 日本で はじめて 食べて みた ものは 何ですか。

[14]

1　にも　　　　　2　では　　　　　3　から　　　　　4　も

[15]

1　でも　　　　　2　だから　　　　3　それから　　　4　これから

[16]

1　ざんねんでした　　　　　　　　2　あんしんでした

3　しんせんでした　　　　　　　　4　ふくざつでした

　　　1　食べて　　　　2　食べます　　　3　食べない　　　4　食べに

もんだい4　つぎの　　（1）と　　（2）の　ぶんしょうを　読んで、しつもんに　こ
　　　　　たえて　ください。こたえは、1・2・3・4から　いちばん　いい　も
　　　　　のを　一つ　えらんで　ください。

（1）
　ルドラさんの　机の　上に、ルームメートの　ジョージさんの　メモと　お金が
あります。

ルドラさん

　としょかんへ　本を　返しに　行きます。
　吉村さんは　今日　ここに　遊びに　来ると　言いました。
　でも、彼女は　えきから　マンションまでの　道が　わかりません。
　ですから、えきまで　迎えに　行って　ください。
　帰る　とちゅうで、えきの　ちかくの　スーパーで　コーラを　2本　買って
ください。

　　　　　　　　　　　　　　　　　　　　　　　　　　　　ジョージ
　　　　　　　　　　　　　　　　　　　　　　　3月27日　15：32

18　ルドラさんは　この　メモを　読んで、まず　何を　しますか。
　　1　としょかんへ　本を　返しに　行きます。
　　2　吉村さんに　道を　聞きます。
　　3　えきまで　吉村さんを　迎えに　行きます。
　　4　スーパーで　コーラを　買います。

（2）
　私は　えいがが　大好きですが、勉強が　いそがしいですから、あまり　えい
がかんに　行く　時間が　ありません。でも、きのう、しゅくだいが　なかったから、

友だちと　いっしょに　あたらしい　えいがを　見に　行きました。とても　おもしろい　えいがでした。きのうは　<u>楽しい　一日でした</u>。

19 どうして　<u>楽しい　一日でした</u>か。
  1　勉強が　いそがしかったから
  2　しゅくだいが　なかったから
  3　友だちと　いっしょに　遊んだから
  4　あたらしい　えいがを　見たから

もんだい5　つぎの　ぶんしょうを　読んで、しつもんに　こたえて　ください。
　　　　　こたえは、1・2・3・4から　いちばん　いい　ものを　一つ　えらんで　ください。

これは　ロバートさんが　書いた　さくぶんです。

わたしの　休み

ロバート

　先週の　週末、わたしは　佐倉さんの　家族と　いっしょに　すごしました。佐倉さんの　お母さんと　日本の　りょうりを　作ったり、佐倉さんの　お父さんと　囲碁を　打ったり　しました。佐倉さんの　弟さんは　中学生ですが、わたしと　おなじ　ゲームが　好きで、いっしょに　ゲームを　しました。そして、しゃしんも　たくさん　とりました。

　佐倉さんの　いえの　キッチンは　とても　広くて　きれいです。私は　そこで　佐倉さんの　お母さんと　てんぷらと　おにぎりを　作りました。てんぷらは　むずかしかったですが、おにぎりは　かんたんでした。自分で　もう　一度　おにぎりを　作りたいです。

　わたしも　国の　りょうりを　作りました。ピザでした。2時間も　かかりましたが、みんなが　「とても　おいしいです。」と　言いました。<u>うれしかったです</u>。

　日本語で　たくさん　話が　できて、楽しい　休みでした。

---

20 ロバートさんは 先週の 週末に 何を しましたか。

1 自分の いえで てんぷらを 食べたり、しゃしんを とったり しました。

2 日本の りょうりを 作ったり、ピザを 作ったり しました。

3 佐倉さんと 囲碁を 打ったり、ゲームを したり しました。

4 自分で おにぎりを 作りました。

21 どうして うれしかったですか。

1 みんなが ピザを ぜんぶ 食べたから

2 ピザは 2時間も かかったから

3 日本語で たくさん 話が できたから

4 みんなが ピザが おいしいと 言ったから

もんだい6 つぎの ページを 見て、しつもんに こたえて ください。こたえは、
1・2・3・4から いちばん いい ものを 一つ えらんで ください。

22 ラジャさんは、すいかが 安い 日に スーパーに 行きたいです。バナナ
も 安い 日が いいです。いつ 行きますか。

1 13日（火）

2 13日（火）か 16日（金）

3 14日（水）

4 15日（木）か 16日（金）

スーパー 「玉川」

玉川町 東 2-15　電話：03-4129-4713

今週（6月12日〜17日）の 安い もの

12日（月）	13日（火）	14日（水）
ぎゅうにゅう 200円 ⇒ 100円	メロン 980円 ⇒ 780円	すいか 880円 ⇒ 680円
15日（木）	16日（金）	17日（土）
すいか 880円 ⇒ 680円	とり肉 300円 ⇒ 200円	ぎゅうにゅう 200円 ⇒ 100円

毎週の 火曜日・水曜日・金曜日は バナナも 安いです。

ぜんぶ 200円です。

N5 模擬テスト

かい
第 5 回

ちょうかい
聴解

（30 ぷん）

もんだい1

　もんだい1では、はじめに　しつもんを　きいて　ください。それから　はなし
を　きいて、もんだいようしの　1から4の　なかから、いちばん　いい　ものを
ひとつ　えらんで　ください。

1 ばん

2 ばん

3 ばん

4 ばん

1

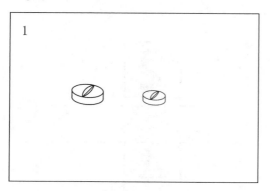

2

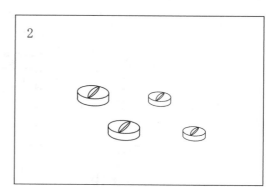

3

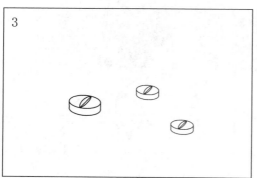

4

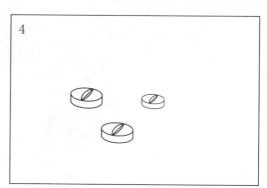

5 ばん

1

2

3

4

6 ばん

1　げつようび

2　すいようび

3　もくようび

4　きんようび

7 ばん

1　9 じ

2　9 じはん

3　10 じ

4　10 じはん

もんだい 2

　　もんだい 2 では、はじめに　しつもんを　きいて　ください。それから　はなし
を　きいて、もんだいようしの　1 から 4 の　なかから、いちばん　いい　ものを
ひとつ　えらんで　ください。

1 ばん

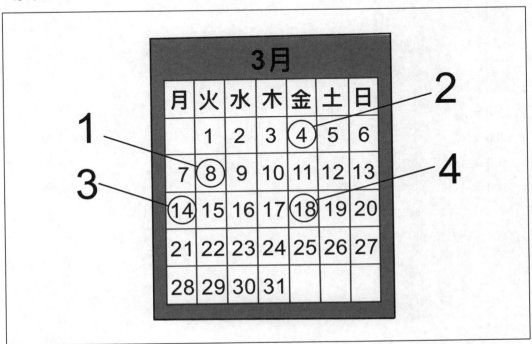

2 ばん

1 おかあさん

2 おとうさん

3 あね

4 いもうと

3 ばん

1 10 ぷん

2 20 ぷん

3 30 ぷん

4 40 ぷん

4 ばん

1 テキスト

2 ノート

3 しょうせつ

4 じしょ

5 ばん

1 300 えん

2 600 えん

3 700 えん

4 800 えん

6 ばん

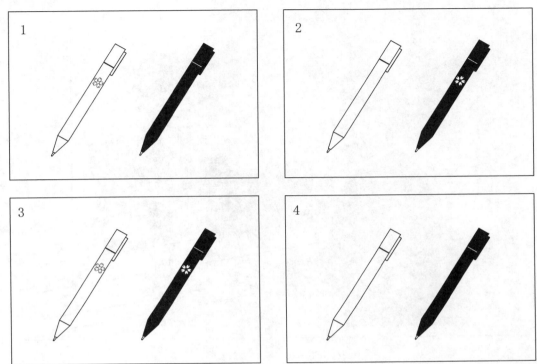

もんだい3

　もんだい3では、えを　みながら　しつもんを　きいて　ください。➡（やじるし）
の　ひとは　なんと　いいますか。1から3の　なかから、いちばん　いい　もの
を　ひとつ　えらんで　ください。

1 ばん

2 ばん

3 ばん

4 ばん

5 ばん

もんだい4

　もんだい4は、えなどが　ありません。ぶんを　きいて、1から3の　なかから、いちばん　いい　ものを　ひとつ　えらんで　ください。

― メモ ―

N5 模擬テスト

だい　かい
第 6 回

げんごちしき （もじ・ごい）

（20 ぷん）

もんだい1 ＿＿＿＿の ことばは ひらがなで どう かきますか。1・2・3・4
から いちばん いい ものを ひとつ えらんで ください。

（れい）　かぎは かばんの 下に ありました。
　　　　　1 ちだ　　　　2 しだ　　　　3 ちた　　　　4 した

（かいとうようし）　　（れい）　① ② ③ ●

1 今朝 あめが ふりました。
　　1 きょうさ　　　2 きょうあさ　　3 けあさ　　　4 けさ

2 この 町は にぎやかです。
　　1 まち　　　　　2 くに　　　　3 むら　　　　4 みせ

3 せんせいに 聞いて ください。
　　1 かいて　　　　2 はいて　　　3 きいて　　　4 おいて

4 へやに 本棚が あります。
　　1 ほんたな　　　2 ほんだな　　3 ほんたら　　4 ほんだら

5 えきは いえから 近いです。
　　1 ちかい　　　　2 とおい　　　3 いい　　　　4 わるい

6 りんごを 六つ かいました。
　　1 みっつ　　　　2 よっつ　　　3 むっつ　　　4 やっつ

7 アパートの 北がわに スーパーが あります。
　　1 みなみがわ　　2 きたがわ　　3 ひがしがわ　　4 にしがわ

もんだい2 ＿＿＿＿の ことばは どう かきますか。1・2・3・4から いちば
ん いい ものを ひとつ えらんで ください。

（れい）　これは なんの ほんですか。
　　　　　1 同　　　　2 何　　　　3 向　　　　4 伺

（かいとうようし）　　（れい）　① ● ③ ④

8 じぶんで <u>おかし</u>を つくります。

1　お果子　　　　2　お菓子　　　　3　お果物　　　　4　お菓物

9 ここは じどうしゃの <u>こうじょう</u>です。

1　工場　　　　2　工所　　　　3　広場　　　　4　広所

10 この さいふは <u>ななせんえん</u>です。

1　七千円　　　　2　九千円　　　　3　七万円　　　　4　九万円

11 きのうの パーティーは <u>たのしかった</u>です。

1　新しかった　　2　易しかった　　3　嬉しかった　　4　楽しかった

12 プールで <u>およいで</u> います。

1　歩いで　　　　2　走いで　　　　3　泳いで　　　　4　遊いで

もんだい3　（　　　　）に　なにが　はいりますか。1・2・3・4から　いちばん
　　　　　いい　ものを　ひとつ　えらんで　ください。

（れい）　きのう　（　　　　）で　かばんを　かいました。

　　　　　1　スプーン　　2　ストーブ　　3　デパート　　4　ニュース

（かいとうようし）　| （れい） | ① ② ● ④ |
| --- | --- |

---

13 がいこくの ともだちに （　　　　）を かきました。

1　ざっし　　　　2　じしょ　　　　3　てがみ　　　　4　きっぷ

14 ばんごはんの あと ちかくの 公園を （　　　　）します。

1　さんぽ　　　　2　りょこう　　　　3　でんわ　　　　4　れんしゅう

15 この （　　　　）は しょくじの まえに のんで ください。

1　くすり　　　　2　からだ　　　　3　かいだん　　　　4　おんがく

16 としょかんは （　　　　）な ばしょです。

1　へた　　　　2　しずか　　　　3　しんせん　　　　4　かんたん

17 もう すぐ さくらが （　　　　）。

1　さきます　　2　なきます　　3　はじまります　　4　のぼります

18 （　　　　）で しゃしんを たくさん とりました。

1　ノート　　　　2　カメラ　　　　3　ギター　　　　4　メモ

もんだい4 _____の ぶんと だいたい おなじ いみの ぶんが あります。
1・2・3・4から いちばん いい ものを ひとつ えらんで くだ
さい。

（れい）　ゆうべ　ゲームを　しました。

　　　　1　おとといの　あさ　ゲームを　しました。

　　　　2　おとといの　よる　ゲームを　しました。

　　　　3　きのうの　あさ　ゲームを　しました。

　　　　4　きのうの　よる　ゲームを　しました。

（かいとうようし）　| （れい） | ① ② ③ ● |

19　わたしは　くだものが　すきです。

　　1　わたしは　ワインや　ビールが　すきです。

　　2　わたしは　いぬや　ねこが　すきです。

　　3　わたしは　りんごや　バナナが　すきです。

　　4　わたしは　ほんや　ざっしが　すきです。

20　たなかさんは　もりさんに　おかねを　かしました。

　　1　たなかさんは　もりさんに　おかねを　かりました。

　　2　もりさんは　たなかさんに　おかねを　かりました。

　　3　たなかさんは　もりさんに　おかねを　もらいました。

　　4　もりさんは　たなかさんに　おかねを　あげました。

21　あそこは　ゆうびんきょくです。

　　1　あそこは　じゅぎょうを　する　ところです。

　　2　あそこは　しょくじを　する　ところです。

　　3　あそこは　はがきや　きってを　かう　ところです。

　　4　あそこは　ほんを　よむ　ところです。

N5 模擬テスト

<ruby>第<rt>だい</rt></ruby> **6** <ruby>回<rt>かい</rt></ruby>

<ruby>言語知識<rt>げんごちしき</rt></ruby>（<ruby>文法<rt>ぶんぽう</rt></ruby>）・<ruby>読解<rt>どっかい</rt></ruby>

（40 ぷん）

もんだい1 （　　　　）に 何を 入れますか。1・2・3・4から いちばん
いい ものを 一つ えらんで ください。

（れい）　これ（　　　　）　まんねんひつです。
　　　　1　に　　　　2　を　　　　3　は　　　　4　や

（かいとうようし）　| （れい） | ① ② ● ④ |

1 この 大学は 留学生（　　　　）　おおいです。
　　1　と　　　　2　を　　　　3　や　　　　4　が

2 あさは パン（　　　　）　ごはんを たべます。
　　1　も　　　　2　か　　　　3　で　　　　4　に

3 山口「今週の どようび、みどり公園へ 行きますが、西川さん（　　　　）
　　　来ませんか。」
　　西川「はい、行きます。」
　　1　や　　　　2　で　　　　3　も　　　　4　の

4 娘は 5さい（　　　　）　ピアノを ならって います。
　　1　でも　　　　2　から　　　　3　では　　　　4　など

5 A「王さん、にほんごと えいごと （　　　　）が じょうずですか。」
　　B「にほんごです。」
　　1　どちら　　　2　どこ　　　3　なに　　　4　どんな

6 山下「鈴木さんは りょうりを しますか。」
　　鈴木「はい、（　　　　）　します。」
　　1　だんだん　　2　あまり　　3　ときどき　　4　とても

7 きのうは 母の たんじょうびで、きれいな 花を （　　　　）。
　　1　やりました　2　もらいました　3　くれました　4　あげました

8 今日は いそがしくて みずを （　　　　）　時間も ありませんでした。
　　1　飲んだ　　2　飲む　　3　飲んで　　4　飲み

9 A「山田さんが どこに いるか 知って いますか。」
　　B「いいえ、（　　　　）。」
　　1　知って いますよ　　　　　　2　知りますよ
　　3　知って いませんよ　　　　　4　知りませんよ

もんだい2 ＿＿＿★＿＿に 入る ものは どれですか。1・2・3・4から いちばん
いい ものを 一つ えらんで ください。

（もんだいれい）

A「鈴木さん、＿＿＿ ＿＿＿ ＿＿★＿ ＿＿＿ か。」

B「吉田さんです。」

　　　　1 です　　　　2 は　　　　3 あの 人　　4 だれ

（こたえかた）

1. ただしい 文を つくります。

> A「鈴木さん、＿＿＿＿＿ ＿＿＿＿＿ ＿＿★＿＿ ＿＿＿＿＿ か。」
>
> 　　　　　3 あの 人　　2 は　　　4 だれ　　1 です
>
> B「吉田さんです。」

2. ＿＿★＿＿に 入る ばんごうを くろく ぬります。

　　　　（かいとうようし）　｜（れい）｜ ① ② ③ ● ｜

---

10 私は ＿＿＿ ＿＿★＿ ＿＿＿ ＿＿＿ かわで あそびました。

　　　1 とき　　　　　2 小学生の　　3 よく　　　　4 この

11 A「桃を たくさん 買いましたね。」

　　B「ええ、今日は 安かったです。いつもは 一つ ＿＿＿ ＿＿＿ ＿★＿

　　　＿＿＿ でした。」

　　1 500円　　　　2 桃が　　　　3 250円の　　　4 三つで

12 きのうは ＿＿＿ ＿＿＿ ＿＿★＿ ＿＿＿ 寝ました。

　　1 おふろに　　2 疲れた　　3 入らないで　　4 から

13 きょうの ばんごはんは ＿＿＿ ＿＿＿ ＿＿★＿ ＿＿＿ 行きました。

　　1 おいしい　　2 レストランへ　3 ぎゅうにくが　4 食べに

もんだい３ 　14　 から 　17　 に 何を 入れますか。ぶんしょうの いみを かんがえて、１・２・３・４から いちばん いい ものを 一つ えらんでください。

　　エマさんと チャンさんは さくぶんを 書いて、クラスの みんなの 前で 読みました。

(1) エマさんの さくぶん

　　私は どうぶつが 好きです。日本に 来て、週末は よく 上野どうぶつえんに 行きます。その どうぶつえんで いちばん ゆうめいなのは 「シャンシャン」でした。シャンシャンは 日本 　14　 生まれた パンダです。はじめて 見た 時、シャンシャンは 竹を 　15　 。とても 元気で、かわいかったです。シャンシャンは 今 中国に 帰りました。また 会いたいです。

(2) チャンさんの さくぶん

　　私は 国で よく お茶を 飲んで いました。日本に 来て、日本の お茶を 飲むように なりました。日本の お茶の 中で まっちゃが いちばん 好きです。
　　先週、茶道の 体験活動が ありました。田中先生が まっちゃの 作り方を 私たちに 教えました。　16　 、私たちは 自分で まっちゃを 作りました。おもしろくて 楽しかったです。国に 帰って、家族の ために まっちゃを 　17　 。

14

    1 と　　　　　　2 を　　　　　　3 で　　　　　　4 が

15

    1 食べて いました　　　　　2 食べませんか

    3 食べて います　　　　　　4 食べませんでした

16

    1 しかし　　　　2 これで　　　　3 いつも　　　　4 それから

17
　　1　作って　います　　　　　　　2　作りたいです
　　3　作って　いるからです　　　　4　作りたいからです

もんだい4　つぎの　（1）と　（2）の　ぶんしょうを　読んで、しつもんに　こ
　　　　　　たえて　ください。こたえは、1・2・3・4から　いちばん　いい　も
　　　　　　のを　一つ　えらんで　ください。

（1）

　わたしの　町は　うみに　ちかいですから、さかなが　多いです。昔から　さか
なで　ゆうめいです。そして、5年前に　高速道路が　できました。遊びに　来る
人が　多くなって、町が　にきやかに　なりました。町には　さかなの　りょうり
を　作る　店も　たくさん　あって、ゆうめいな　かんこうちに　なりました。

18　どうして　町が　にきやかに　なりましたか。
　　1　さかなが　多くて　おいしいから
　　2　昔から　ゆうめいな　かんこうちだから
　　3　高速道路が　できて、人が　多くなったから
　　4　さかなの　りょうりを　作る　店が　多くなったから

（2）

　これは　ベンさんが　クラスメートの　リーさんに　書いた　メールです。

リーさん

わたしは　午後　じゅぎょうが　ありませんから、これから　としょかんに
行きます。
としょかんの　2かいの　机は　としょかんの　本を　読む　人の　机です。
としょかんで　べんきょうしたい　人は　3がいの　机を　使います。ですか
ら、わたしは　そこで　しゅくだいを　します。

じゅぎょうが 終わった あと、としょかんに 来て ください。いっしょに 帰りましょう。

ベン

19 リーさんは じゅぎょうの あとで、何を しますか。

1 としょかんの 3がいに 行きます。

2 としょかんの 2かいの 机を 使います。

3 としょかんで しゅくだいを します。

4 としょかんで 本を 読んで、一人で 帰ります。

もんだい5 つぎの ぶんしょうを 読んで、しつもんに こたえて ください。
こたえは、1・2・3・4から いちばん いい ものを 一つ えらん
で ください。

これは アニルさんが 書いた さくぶんです。

じてんしゃと 私

アニル

　私は ふるさとに いた とき、毎日 じてんしゃで 学校に 行って い
ました。東京に 来て、学校の ちかくに 住んで います。でも、学校まで
あるいて 30分 かかります。だから、じてんしゃを 買いました。
　先週、友だちの ホーさんと いっしょに じてんしゃを 売る 店に 行
きました。店には たくさんの じてんしゃが 並んで いました。いろいろ
な ものが あって、迷いました。私は その 中で ピンクの じてんしゃ
を 見つけました。とても かわいかったです。その とき、店の 人が 「こ
れは とても かるいですから、女の子に 人気が ありますよ。」と 言
いました。わたしは その ピンクの じてんしゃを、ホーさんは 青いのを
買いました。

今、私は 毎日 じてんしゃで ホーさんの アパートに 行って、それから、いっしょに じてんしゃで 学校に 行きます。じてんしゃが あって 生活が べんりに なりました。

20 どうして じてんしゃを 買いましたか。

1 ふるさとに いた とき、毎日 じてんしゃを 使って いたから

2 今 住んで いる ところは 学校から とおいから

3 友だちが 先週 じてんしゃを 買ったから

4 学校まで あるいて 時間が かかるから

21 「私」は どんな じてんしゃを 買いましたか。

1 ふるさとで 使った ものと 同じ じてんしゃ

2 ピンクの かるい じてんしゃ

3 青の かわいい じてんしゃ

4 青の かるい じてんしゃ

もんだい6 つぎの ページを 見て、しつもんに こたえて ください。こたえは、
　　　　　1・2・3・4から いちばん いい ものを 一つ えらんで ください。

22 アユーシさんは 市民美術館に 行きたいです。青木駅か 星見駅から 乗ります。駅から 美術館まで かかる お金は 450円までで、時間は みじかい ほうが いいです。アユーシさんは どの 行き方で 行きますか。

1 ①

2 ②

3 ③

4 ④

市民美術館

市民美術館に　来たい　人へ

①ひつような　時間：22分　　　　　　ひつような　お金：550円

| 青木駅 | 電車 20分 | 森の里駅 | あるく 2分 | 市民美術館 |

②ひつような　時間：45分　　　　　　ひつような　お金：250円

| 花咲駅前 バスてい3ばん | バス 40分 | 美術館前 | あるく 5分 | 市民美術館 |

③ひつような　時間：40分　　　　　　ひつような　お金：350円

| 星見駅 | ちかてつ 30分 | 川辺駅 | あるく 10分 | 市民美術館 |

④ひつような　時間：30分　　　　　　ひつような　お金：400円

| 青木駅 | 電車 15分 | みどり公園駅 | あるく 15分 | 市民美術館 |

N5 模擬テスト

<ruby>第<rt>だい</rt></ruby> 6 <ruby>回<rt>かい</rt></ruby>

<ruby>聴 解<rt>ちょうかい</rt></ruby>

(30 ぷん)

もんだい1

　もんだい1では、はじめに　しつもんを　きいて　ください。それから　はなし
を　きいて、もんだいようしの　1から4の　なかから、いちばん　いい　ものを
ひとつ　えらんで　ください。

1ばん

2ばん

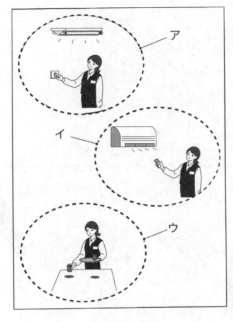

1 アイ　　　　2 アウ　　　　3 イウ　　　　4 アイウ

3ばん

4 ばん

1　201

2　202

3　301

4　302

5 ばん

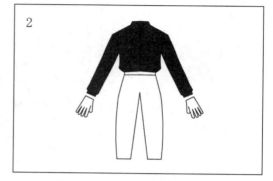

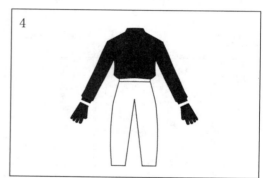

6 ばん

1　5つ

2　6つ

3　7つ

4　8つ

7ばん

1　テキスト

2　かみ

3　テキストと　かみ

4　きってと　ふうとう

もんだい2

　もんだい2では、はじめに　しつもんを　きいて　ください。それから　はなし
を　きいて、もんだいようしの　1から4の　なかから、いちばん　いい　ものを
ひとつ　えらんで　ください。

1ばん

1　ねこ

2　いぬ

3　ねこと　とり

4　ねこと　いぬ

2ばん

1　きょうしつ

2　としょかん

3　きっさてん

4　しょくどう

3 ばん

4 ばん

5 ばん

6 ばん

1 かようび

2 すいようび

3 もくようび

4 きんようび

もんだい3

　もんだい3では、えを　みながら　しつもんを　きいて　ください。➡（やじるし）
の　ひとは　なんと　いいますか。1から3の　なかから、いちばん　いい　もの
を　ひとつ　えらんで　ください。

1 ばん

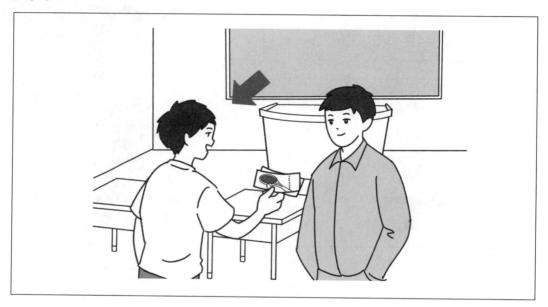

2 ばん

3 ばん

4 ばん

5 ばん

もんだい4

　もんだい4は、えなどが　ありません。ぶんを　きいて、1から3の　なかから、いちばん　いい　ものを　ひとつ　えらんで　ください。

—— メモ ——

新日本语能力考试
N4 全真模拟试题

N4 模擬テスト

<ruby>第<rt>だい</rt></ruby>1<ruby>回<rt>かい</rt></ruby>

げんごちしき (もじ・ごい)

(25 ふん)

もんだい1　＿＿＿＿＿の　ことばは　ひらがなで　どう　かきますか。1・2・3・4
　　　から　いちばん　いい　ものを　ひとつ　えらんで　ください。

（れい）　これは　2個で　千円です。

　　　1　せいえん　　　2　せいねん　　　3　せんねん　　　4　せんえん

（かいとうようし）　| （れい） | ① ② ③ ● |

1　きょうかしょの　最後の　ページを　見て　ください。
　　　1　さいしょ　　　2　さいご　　　　3　せいしょ　　　4　せいご

2　がくせいに　にほんごを　教えて　います。
　　　1　おしえて　　　2　かぞえて　　　3　こたえて　　　4　むかえて

3　この　はこは　重いですね。
　　　1　ふるい　　　2　あたらしい　　　3　かるい　　　4　おもい

4　わたしの　へやには　机が　2つ　あります。
　　　1　いす　　　2　つくえ　　　3　かぎ　　　4　まど

5　男性の　おてあらいは　あちらです。
　　　1　だんせい　　　2　たんせい　　　3　じょせい　　　4　しょせい

6　その　ことは　やまださんに　頼んで　ください。
　　　1　さけんで　　　2　はこんで　　　3　たのんで　　　4　ならんで

7　あした　あさ　9じに　出発します。
　　　1　しゅっはつ　　　2　しゅうはつ　　　3　しゅっぱつ　　　4　しゅうぱつ

もんだい2　＿＿＿＿＿の　ことばは　どう　かきますか。1・2・3・4から　いちば
　　　ん　いい　ものを　ひとつ　えらんで　ください。

（れい）　この　もんだいを　よんで　ください。

　　　1　諸んで　　　2　続んで　　　3　読んで　　　4　緒んで

（かいとうようし）　| （れい） | ① ② ● ④ |

---

8 しろい くるまを 買いました。

　　1 白い　　　　　2 黒い　　　　　3 赤い　　　　　4 青い

9 まどを しめて ください。

　　1 進めて　　　　2 閉めて　　　　3 始めて　　　　4 決めて

10 いもうとは ちゅうがくせいです。

　　1 兄　　　　　　2 弟　　　　　　3 姉　　　　　　4 妹

11 わからない ことばを しらべました。

　　1 知べました　　2 学べました　　3 調べました　　4 探べました

12 この あたりは こうつうが べんりです。

　　1 交道　　　　　2 行通　　　　　3 交通　　　　　4 通行

もんだい3　（　　　　）に なにを いれますか。1・2・3・4から いちばん
　　　　　　いい ものを ひとつ えらんで ください。

（れい）　あの　（　　　　）を かぶって いる 人が 兄です。

　　　　1 くつした　　　2 とけい　　　3 ぼうし　　　4 めがね

　　（かいとうようし）　| （れい） | ① ② ● ④ |

---

13 台所から へんな （　　　　）が します。

　　1 いろ　　　　　2 こえ　　　　　3 かたち　　　　4 におい

14 日本の 友だちが とうきょうを （　　　　）して くれました。

　　1 しょうたい　　2 あんない　　　3 えんりょ　　　4 れんらく

15 先生に ちこくした （　　　　）を 聞かれました。

　　1 りゆう　　　　2 おねがい　　　3 しつもん　　　4 さんせい

16 たなかさんに 「としょかんで まって います」と （　　　　） ください。

　　1 とどけて　　　2 わたして　　　3 つたえて　　　4 あたえて

17 かいものの あと、店員に （　　　　）を もらいました。

　　1 レシート　　　2 メニュー　　　3 サービス　　　4 レポート

18 あたらしい じてんしゃを かいたいですが、おかねが （　　　　）。

　　1 おきません　　2 すぎません　　3 かわりません　4 たりません

19 この　プールは　（　　　　）から、子どもたちも　よく　およぎに　来ます。

1　ふかい　　　　2　あさい　　　　　3　たかい　　　　4　ひくい

20 きのう　天気が　よかったから　えんそくを　（　　　　）に　たのしみました。

1　むり　　　　　2　むだ　　　　　3　じゅうぶん　　　4　ていねい

もんだい4　＿＿＿＿＿の　ぶんと　だいたい　おなじ　いみの　ぶんが　あります。1・2・3・4から　いちばん　いい　ものを　ひとつ　えらんで　ください。

(れい)　ゆうべ　ゲームを　しました。

1　おとといの　あさ　ゲームを　しました。

2　おとといの　よる　ゲームを　しました。

3　きのうの　あさ　ゲームを　しました。

4　きのうの　よる　ゲームを　しました。

(かいとうようし)　| (れい) | ① ② ③ ● |

21 その　はなしは　うそでした。

1　その　はなしは　よく　わかりました。

2　その　はなしは　よく　わかりませんでした。

3　その　はなしは　ほんとうでした。

4　その　はなしは　ほんとうじゃ　ありませんでした。

22 これは　かたいですね。

1　これは　やわらかくないですね。

2　これは　まずくないですね。

3　これは　あたらしくないですね。

4　これは　きたなくないですね。

23 やまださんは　にこにこして　います。

1　やまださんは　ないて　います。

2　やまださんは　わらって　います。

3　やまださんは　なやんで　います。

　　4　やまださんは　あそんで　います。

[24]　先週より　しゅくだいが　へりました。

　　1　先週より　しゅくだいが　むずかしく　なりました。

　　2　先週より　しゅくだいが　やさしく　なりました。

　　3　先週より　しゅくだいが　すくなく　なりました。

　　4　先週より　しゅくだいが　おおく　なりました。

もんだい5　つぎの　ことばの　つかいかたで　いちばん　いい　ものを　1・2・3・
　　　　　4から　ひとつ　えらんで　ください。

（れい）　　すてる

　　　　1　つくえの　うえを　すてて　ください。

　　　　2　うそを　つくのは　すてて　ください。

　　　　3　この　袋に　ごみを　すてて　ください。

　　　　4　教科書を　かばんに　すてて　ください。

（かいとうようし）　| （れい）　| ①　②　●　④ |

[25]　おみまい

　　1　この　公園は　さくらが　きれいで、おおくの　ひとが　おみまいに　来
　　　ます。

　　2　母の　たんじょうびの　おみまいを　買いに　行きました。

　　3　おみやげを　もらったので、おみまいを　言いました。

　　4　きのう、にゅういんして　いる　友だちの　おみまいに　行きました。

[26]　こわれる

　　1　カメラが　こわれて　いるので、つかえません。

　　2　ゆうべの　たいふうで　きの　えだが　こわれました。

　　3　水を　やるのを　わすれて、はなが　こわれて　しまいました。

　　4　しごとは　よていより　こわれて　います。

27 はっきり

1 つくえの　上を　はっきり　かたづけました。

2 りゅうがくに　ついて　はっきり　かんがえました。

3 じぶんの　いけんを　はっきり　言って　ください。

4 週末は　うちで　はっきり　休みたいです。

28 ぜひ

1 雨の　日は　ぜひ　バスで　学校に　行きます。

2 どようびの　よるの　パーティーに　ぜひ　来て　ください。

3 あしたは　ぜひ　はれるでしょう。

4 1時間も　待ったが、彼女は　ぜひ　来ませんでした。

N4 模擬テスト

第1回
<ruby>第<rt>だい</rt></ruby>1<ruby>回<rt>かい</rt></ruby>

<ruby>言語知識<rt>げんごちしき</rt></ruby>（<ruby>文法<rt>ぶんぽう</rt></ruby>）・<ruby>読解<rt>どっかい</rt></ruby>

（55 ふん）

もんだい1 （　　　　）に 何を 入れますか。1・2・3・4から いちばん い
い ものを 一つ えらんで ください。

（例） 父は 毎朝 新聞（　　　　） 読みます。

　　1 が　　　　　　2 の　　　　　　3 を　　　　　　4 で

（解答用紙）　| （例） | ① ② ● ④ |

---

1 違う 国の 人と 結婚することを 国際結婚（　　　　） いいます。

　　1 に　　　　　　2 で　　　　　　3 と　　　　　　4 の

2 午後の 授業が 休みに なったので、今日は いつもより 2時間
　（　　　　） 早く 帰ることが できた。

　　1 だけ　　　　　2 ずつ　　　　　3 が　　　　　　4 も

3 中村さんは 出張（　　　　） 明日の 会議に 欠席します。

　　1 で　　　　　　2 のに　　　　　3 には　　　　　4 へ

4 母（　　　　） よろこぶと 思って、晩ご飯を 作りました。

　　1 が　　　　　　2 しか　　　　　3 や　　　　　　4 に

5 （デパートで）
　店員「すてきですね。その ワンピースは お客様に よく 似合いますよ。」
　客「じゃ、これ（　　　　） します。」

　　1 から　　　　　2 こそ　　　　　3 に　　　　　　4 で

6 南「田中さん、昨日、遅くまで 残業を しましたか。」
　田中「いいえ。8時（　　　　） 帰りました。」

　　1 ぐらい　　　　2 ごろ　　　　　3 ほど　　　　　4 ところ

7 （電話で）
　A「もしもし、今 どこ？迎えに 行こうか。」
　B「いや、だいじょうぶ。すぐ （　　　　）に 着くから。」

　　1 こっち　　　　2 そっち　　　　3 あっち　　　　4 どっち

8 わたしは 母の 作った 料理が 好きです。（　　　　） ハンバーグが
　一番 おいしいと 思います。

　　1 かならず　　　2 すっかり　　　3 よく　　　　　4 とくに

9 息子は 何度 （　　　　） また 忘れ物を して しまいます。
　1 注意したり　　2 注意したら　　3 注意しても　　4 注意すれば

10 昨日、弟は 時間どおりに 家に 帰って 来なくて、両親を （　　　　）。
　1 心配させた　　2 心配された　　3 心配した　　4 心配できた

11 けがなく 気持ちよく （　　　　）、運動の 前に 準備運動を する。
　1 走ったほうが　　2 走ったまま　　3 走るまで　　4 走るために

12 きっさてんの ドアを （　　　　）、コーヒーの 香りが した。
　1 開けたのに　　2 開けるから　　3 開ければ　　4 開けたら

13 小島「大川さん、山崎先生の 集中講義は 今日から 第3教室で 行い
　　　ますね。」
　大川「はい、そうです。私も 今から （　　　　）から、一緒に 行きましょ
　　　う。」
　1 行って おきます　　　　　　　2 行って きたところです
　3 行って います　　　　　　　　4 行くところです

もんだい2 ___★___ に 入る ものは どれですか。1・2・3・4から いちばん
　　　いい ものを 一つ えらんで ください。

（問題例）

　引き出しの ＿＿＿＿ ＿＿＿＿ ＿★＿ ＿＿＿＿ あります。
　1 が　　　　　2 に　　　　　3 中　　　　　4 ペン

（答え方）

1. 正しい 文を 作ります。

　引き出しの ＿＿＿＿＿＿ ＿＿＿＿＿＿ ＿★＿＿＿ ＿＿＿＿＿＿ あります。
　　　　　　　3 中　　　　2 に　　　　4 ペン　　　1 が

2. ___★___ に 入る 番号を 黒く 塗ります。

（解答用紙）　（例）　① ② ③ ●

14 丸井商事の 小林さんから 電話 ＿＿＿ ＿＿＿ ★ ＿＿＿ 課長に 伝えました。

1 を 2 あった 3 こと 4 が

15 A「昨日、駅から 家に 帰る ＿＿＿ ＿＿＿ ★ ＿＿＿ 人は 誰ですか。」

B「あっ、あの 人は 吉村さんです。」

1 あった 2 とちゅう 3 あの 4 で

16 部屋を 出た とき、かぎを ＿＿＿ ★ ＿＿＿ ＿＿＿ 覚えていないので、戻りました。

1 はっきり 2 か 3 かけた 4 どうか

17 普段 お弁当は 電子レンジで あたためて ＿＿＿ ＿＿＿ ★ ＿＿＿ 食べることも ある。

1 から 2 冷たいまま 3 ときどき 4 食べるが

もんだい3 18 から 21 に 何を 入れますか。文章の 意味を 考えて、1・2・3・4から いちばん いい ものを 一つ えらんで ください。

下の 文章は、留学生の 作文です。

初めての 生け花

エリザベス・モレッツ

　私は 日本に 来る 前に、日本の ドラマで 生け花という 伝統文化を 知って、きょうみを もちました。でも、家から 通える ところに 生け花教室は ありませんでした。日本に 来て、近所で 生け花教室を 見つけました。そして、先週の 日曜日に 友だちと いっしょに 体験授業に 18 。

　体験授業では、まず 生け花に 使う 花の 選び方に ついて 習いました。 19 、道具の 使い方や 花の 生け方を 教わりました。初めは どう 生ければ いいか ぜんぜん わかりませんでしたが、先生が ていねいに 20 。最後に できた ものは 思ったより きれいで、「初めてなのに、お上手ですね。」と 先生に ほめられました。とても うれしかったです。

生け花は やはり すばらしい 芸術だと 思いました。 21 、生け花 教室
に 通うことに しました。

　これから 毎週 生け花 教室に 行って、たくさん 練習して 早く
上手に なりたいです。

18

　1 参加するかもしれません　　　2 参加したほうが いいです

　3 参加して みました　　　　　4 参加したところです

19

　1 それから　　　　2 たとえば　　　3 だから　　　　4 しかし

20

　1 教えて もらいました　　　　2 教えて います

　3 教えて あげました　　　　　4 教えて くれました

21

　1 けれども　　　2 それで　　　3 また　　　　4 でも

もんだい4　つぎの（1）から（3）の文章を読んで、質問に答えてください。答えは、
　　　　　1・2・3・4から、いちばんいいものを一つえらんでください。

（1）

　私はいつも電車で学校に行きます。学校に行くバスもありますが、乗る人が多くて、
いつも大勢の人がバス停に並んでいます。今朝はいつもより人が少なかったので、
バスに乗ろうと思って、並んでみました。でも、15分も待っていても、バスはなか
なか来ませんでした。時刻表を見たら、つぎのバスは20分後だとわかってやめま
した。バスに乗りたかったですが、30分以上待つのは嫌だったからです。

22 　やめましたとありますが、どうしてですか。

　　1 バス停に大勢の人が並んでいるのを見たから

　　2 いつもより待っている人が少なかったから

　　3 次のバスを待つ時間が長すぎると思ったから

4 最初からバスに乗りたくなかったから

(2)

松本さんは友だちの渡辺さんからメールをもらいました。

松本さん

こんにちは。

土曜日に斎藤さんの家に行って、三人で学園祭のことについて話し合う約束をしましたが、今日、斎藤さんから連絡がありました。土曜日に用事があって、朝から出かけなくてはいけないそうです。なので、斎藤さんの家には行けなくなりましたね。ですから、土曜日はとりあえず私の家で待ち合わせるのはどうですか。斉藤さんも用事が早く終わったらこちらに来ると言いました。

待ち合わせの時間などを相談したいので、授業が終わったら、電話をください。夜10時半まで起きているので、よろしくお願いします。

渡辺

23 このメールを読んで、松本さんは何をしなければなりませんか。

1 斎藤さんの家に行って、学園祭のことを話し合います。

2 渡辺さんの家に行って、学園祭のことを話し合います。

3 夜10時半までに、斎藤さんに電話をします。

4 夜10時半までに、渡辺さんに電話をします。

(3)

納豆がくさいと思っている人は少なくありません。A会社の調査結果で、実際に約半分の回答者が「納豆のにおいが気になる」と答え、「食べたあとの口臭が気になる」と言う人は、7割もいるということがわかりました。そこで、A社は10年前からある開発を始めたそうです。

24 ある開発とありますが、どんな開発ですか。

1 「においがする納豆」の開発

2 「においの少ない納豆」の開発

3 「口臭をなくす納豆」の開発

4 「食べやすい納豆」の開発

もんだい5 つぎの文章を読んで、質問に答えてください。答えは、1・2・3・4から、いちばんいいものを一つえらんでください。

　私は、週末になると、よく家族と郊外に行きます。山に登ったり、公園の湖で船に乗ったりします。先週の土曜日は、家族でいちご狩りに行きました。

　いちご狩りは、いちごの農園に入場料を払って入って、かごを持っていちごをとって、その場で食べたり、持ち帰ったりして収穫体験をすることです。私は雑誌で知りました。おもしろいと思って、母に聞いてみました。「今、ちょうどいちごの季節ね。土曜日にみんなで行こうか。」と母が言いました。①うれしかったです。

　土曜日の朝、私たちは車で「ミズノ農園」に行きました。ミズノ農園は入場料が少し高いですが、いろいろな品種があって人気が高いようです。朝の農園は少し寒かったですが、ハウスに入ると、暖かくなりました。いちごがほとんど真っ赤になって、一つとって食べてみると、甘くておいしかったです。私と妹はいちごをとりながら、写真を撮りましたから、あまり多くとりませんでした。母は私たちより多くとりましたが、いちばん多くとったのは父です。②4キロもとりました。帰りに、父は車の中に並んでいるいちごのかごを見て、「大収穫だね、いちごの食べ放題になるね。」と言いました。みんな笑いました。

　この農園は、夏になると「ブルーベリー狩り」があって、秋になると「りんご狩り」があるそうです。今度、また（　③　）。

25　どうして①うれしかったですか。

　1　雑誌でいちご狩りのことを知ったから

　2　今はいちごの季節だと母から聞いたから

　3　母も初めていちご狩りのことを知ったから

　4　週末に家族でいちご狩りに行くことになったから

26 ②4キロもとりましたとありますが、誰がいちごを4キロとりましたか。

1 「私」と 妹

2 母

3 父

4 家族全員

27 （ ③ ）に入れるのに、いちばんいい文はどれですか。

1 果物をとりに行きたいです

2 家族で山に登りたいです

3 公園の 湖 で船に乗りたいです

4 写真をたくさん撮りたいです

もんだい6　次のページの「料理教室のお知らせ」を見て、下の質問に答えてください。答えは、1・2・3・4から、いちばんいいものを一つえらんでください。

28 日本語と英語を使って、初めての人に 料理を教えるクラスはどれですか。

1 クラスA

2 クラスB

3 クラスC

4 クラスD

29 クラスBを受けたい人は、お金をいつまでに、いくら払いますか。

1 10月1日までに、7万円払います。

2 10月4日までに、3万円払います。

3 10月5日までに、3万5千円払います。

4 10月12日までに、5万円払います。

料理教室のお知らせ

道具や材料は教室にありますから、平日の夜も気軽に通えますよ〜

クラスA	毎週水曜日　19：00〜21：00	10月4日から5回	6万円
	・タイ料理を作ります。 ・タイ人の先生が教えるクラスです。 ・クラスは日本語と英語で行います。		
クラスB	毎週木曜日　18：30〜20：30	10月5日から5回	7万円
	・中華料理を作ります。 ・先生は中国に留学した経験があります。 ・クラスは日本語で行います。		
クラスC	毎週土曜日　10：00〜12：00	10月7日から9回	10万円
	・日本料理を作ります。 ・初めて料理を学ぶ人のクラスです。 ・クラスは日本語で行います。		
クラスD	毎週日曜日　13：00〜15：00	10月8日から9回	10万円
	・フランス料理を作ります。 ・初めて料理を学ぶ人のクラスです。 ・クラスは日本語と英語で行います。		

※ クラスを受けたい人は、10月1日までに、「料理教室　ロージー」に電話で連絡してください。

※ お金は、1回目のクラスの日までに半分払ってください。

料理教室　ロージー

川浜市中野町 3-15 白川ビル 3F

電話：06-1439-7418

N4 模擬テスト

<ruby>第<rt>だい</rt></ruby>1<ruby>回<rt>かい</rt></ruby>

<ruby>聴解<rt>ちょうかい</rt></ruby>

（35 ふん）

もんだい1

　もんだい1では、まず　しつもんを　聞いて　ください。それから　話を　聞いて、もんだいようしの　1から4の　中から、いちばん　いい　ものを　一つ　えらんで　ください。

1ばん

1　しお　　　　　　　　2　きゅうり　　　　　3　水　　　　　　　　4　しょうゆ

2ばん

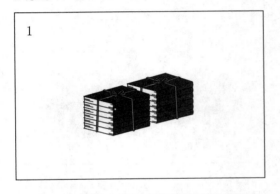

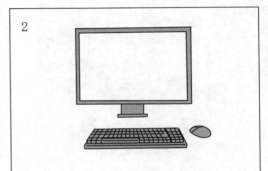

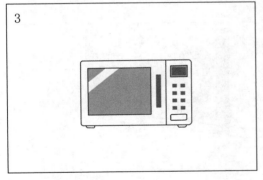

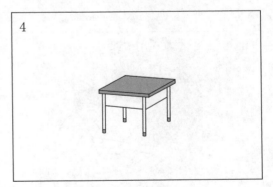

3ばん

1　2ばんきょうしつ

2　4ばんきょうしつ

3　6ばんきょうしつ

4　9ばんきょうしつ

4 ばん

1

2
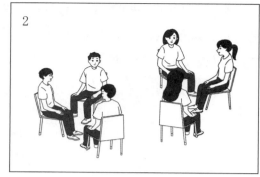

3
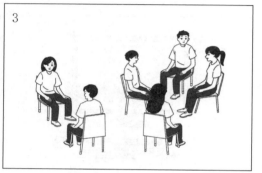

4
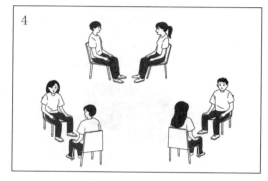

5 ばん

1

2

3
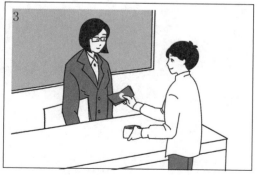

4

6 ばん

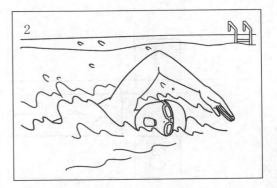

7 ばん

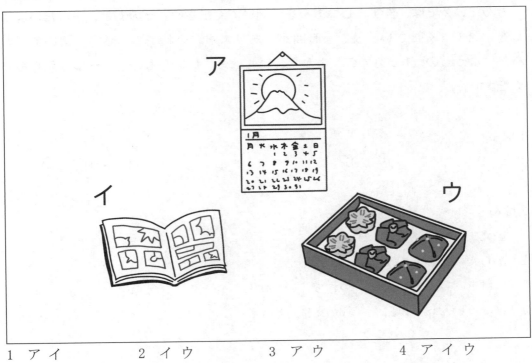

1 アイ　　　　2 イウ　　　　3 アウ　　　　4 アイウ

8ばん

もんだい2

　もんだい2では、まず　しつもんを　聞いてください。そのあと、もんだいよう
しを　見て　ください。読む　時間が　あります。それから　話を　聞いて、も
んだいようしの　1から4の　中から、いちばん　いい　ものを　一つ　えらんで
ください。

1ばん

1　4日　　　　　　　2　5日　　　　　　　3　6日　　　　　　　4　8日

2ばん

1　いえで　しょくじを　するから
2　からだの　ぐあいが　わるいから
3　ははを　びょういんに　つれて　いくから
4　びょういんへ　ははを　むかえに　いくから

3 ばん

1 おやの　レストランで　はたらく
2 じどうしゃの　会社で　はたらく
3 にほんごの　先生に　なる
4 だいがくいんで　べんきょうを　する

4 ばん

1 もりたさん
2 かちょう
3 もりたさんの　あね
4 かちょうの　いもうと

5 ばん

1 ロボットの　けんきゅう
2 たてものを　見る　りょこう
3 りょうりの　べんきょう
4 ギターを　おしえる　しごと

6 ばん

1 土ようびの　夜6時
2 土ようびの　夜7時
3 日ようびの　夜6時
4 日ようびの　夜7時

7 ばん

1 一日中　はれ
2 一日中　雨
3 午前は　雨、午後は　曇り
4 午前は　はれ、午後は　雨

もんだい3

　もんだい3では、えを　見ながら　しつもんを　聞いて　ください。➡（やじるし）
の　人は　何と　言いますか。1から3の　中から、いちばん　いい　ものを　一
つ　えらんで　ください。

1ばん

2ばん

3 ばん

4 ばん

5ばん

もんだい4

　もんだい4では、えなどが　ありません。まず　ぶんを　聞いて　ください。
それから、そのへんじを　聞いて、1から3の　中から、いちばん　いい　ものを
一つ　えらんで　ください。

— メモ —

N4 模擬テスト

かい
第 2 回

げんごちしき（もじ・ごい）

（25 ふん）

もんだい1 ＿＿＿＿＿の ことばは ひらがなで どう かきますか。1・2・3・4
から いちばん いい ものを ひとつ えらんで ください。

（れい） これは 2個で 千円です。

1 せいえん　　2 せいねん　　3 せんねん　　4 せんえん

（かいとうようし）　（れい）　①　②　③　●

---

1 きょうは 1時間以上 うんどうを しました。

1 いない　　　　2 いがい　　　　3 いじょう　　4 いか

2 もう 少し 広い へやが ほしいです。

1 ひろい　　　　2 はやい　　　　3 こわい　　　4 おそい

3 わたしは 秋が いちばん すきです。

1 はる　　　　2 なつ　　　　3 あき　　　4 ふゆ

4 にくを 切って ください。

1 きって　　　　2 まって　　　3 あらって　　4 わって

5 友だちに 手袋を もらいました。

1 てぶくろ　　　2 てふくろ　　3 しゅぶくろ　　4 しゅふくろ

6 じゅぎょうは 8じに 始まります。

1 たまり　　　　2 まとまり　　3 とまり　　　4 はじまり

7 あそこに いるのは すずきさんの お兄さんです。

1 おにいさん　　2 おねえさん　　3 おにさん　　4 おねさん

もんだい2 ＿＿＿＿＿の ことばは どう かきますか。1・2・3・4から いちば
ん いい ものを ひとつ えらんで ください。

（れい） この もんだいを よんで ください。

1 諸んで　　2 続んで　　3 読んで　　4 緒んで

（かいとうようし）　（れい）　①　②　●　④

---

8 きょうは <u>あつかった</u>です。

　　1 署かった　　　2 暑かった　　　3 寒かった　　　4 塞かった

9 父は <u>いしゃ</u>です。

　　1 医師　　　　　2 医士　　　　　3 医者　　　　　4 医生

10 くるまで 友だちを <u>おくりました</u>。

　　1 迎りました　　2 回りました　　3 帰りました　　4 送りました

11 しごとの <u>けいかく</u>を つくりました。

　　1 計画　　　　　2 経画　　　　　3 計験　　　　　4 経験

12 その 店は くだものを <u>うって</u> います。

　　1 買って　　　　2 売って　　　　3 作って　　　　4 持って

もんだい3 （　　　　）に なにを いれますか。1・2・3・4から いちばん
　　　　　いい ものを ひとつ えらんで ください。

(れい)　　あの （　　　　）を かぶって いる 人が 兄です。

　　　　　1 くつした　　　2 とけい　　　3 ぼうし　　　4 めがね

(かいとうようし)　| (れい) | ① ② ● ④ |

13 からだの （　　　　）が わるいので、びょういんに いきます。

　　1 くすり　　　　2 かおいろ　　　3 ぐあい　　　　4 ねつ

14 どこで パーティーを 開くか、みんなの （　　　　）を 聞きました。

　　1 ひみつ　　　　2 きょうみ　　　3 そうだん　　　4 いけん

15 父は 会社に じてんしゃで （　　　　） います。

　　1 とおって　　　2 かよって　　　3 うごいて　　　4 ついて

16 外国へ いく とき、ビザが （　　　　）です。

　　1 ひつよう　　　2 とくべつ　　　3 きけん　　　　4 あんぜん

17 東京駅で バスを （　　　　）、でんしゃに のりかえます。

　　1 おちて　　　　2 あがって　　　3 おりて　　　　4 のって

18 毎日 家の ちかくの コンビニを （　　　　）して います。

　　1 えいぎょう　　2 りよう　　　　3 けんきゅう　　4 かんこう

19 わたしは　じゅぎょうの　あと、ふくしゅうする　（　　　　）が　あります。

1　じゅんび　　　　2　へんじ　　　　　3　こたえ　　　　　4　しゅうかん

20 駅前の　パン屋は　パンの　（　　　　）が　多いです。

1　しゅるい　　　　2　ばんぐみ　　　　3　せいこう　　　　4　たいど

もんだい4 ＿＿＿＿＿の　ぶんと　だいたい　おなじ　いみの　ぶんが　あります。
1・2・3・4から　いちばん　いい　ものを　ひとつ　えらんで　ください。

（れい）　　ゆうべ　ゲームを　しました。

1　おとといの　あさ　ゲームを　しました。

2　おとといの　よる　ゲームを　しました。

3　きのうの　あさ　ゲームを　しました。

4　きのうの　よる　ゲームを　しました。

（かいとうようし）　| （れい） | ① ② ③ ● |

21 ここは　くうこうです。

1　ここは　バスに　のる　ばしょです。

2　ここは　でんしゃに　のる　ばしょです。

3　ここは　タクシーに　のる　ばしょです。

4　ここは　ひこうきに　のる　ばしょです。

22 たまねぎを　こまかく　きりました。

1　たまねぎを　まるく　きりました。

2　たまねぎを　ながく　きりました。

3　たまねぎを　ちいさく　きりました。

4　たまねぎを　みじかく　きりました。

23 父に　おこられました。

1　父に　ほめられました。

2　父に　しかられました。

3　父に　よばれました。

4　父に　なぐられました。

24 どんどん　たべて　ください。

1　はやく　たべて　ください。

2　ゆっくり　たべて　ください。

3　たくさん　たべて　ください。

4　すこし　たべて　ください。

もんだい5　つぎの　ことばの　つかいかたで　いちばん　いい　ものを　1・2・3・
　　　　　4から　ひとつ　えらんで　ください。

（れい）　すてる

1　つくえの　うえを　<u>すてて</u>　ください。

2　うそを　つくのは　<u>すてて</u>　ください。

3　この　袋に　ごみを　<u>すてて</u>　ください。

4　教科書を　かばんに　<u>すてて</u>　ください。

（かいとうようし）　| （れい） | ①　②　●　④ |
| --- | --- |

25 とちゅう

1　なつやすみの　<u>とちゅう</u>に、国に　かえりたいです。

2　今日の　しゅくだいは　まだ　<u>とちゅう</u>しか　できて　いません。

3　いえに　かえる　とき、<u>とちゅう</u>で　ほんやに　よりました。

4　学校の　<u>とちゅう</u>に　よく　コンビニで　おかしを　買って　食べます。

26 せいさん

1　先月、あねは　かわいい　あかちゃんを　<u>せいさんしました</u>。

2　この　こうじょうでは　じどうしゃを　<u>せいさんして</u>　います。

3　今日は　父の　たんじょうびですから　母は　ごちそうを　たくさん　<u>せいさんしました</u>。

4　さとう先生は　ロボットに　ついて　<u>せいさんして</u>　います。

27 にがい

1　毎日　5時間　ピアノを　れんしゅうするのは　<u>にがい</u>です。

2　かぜを　ひいたので　のどが　にがいです。

3　父は　さとうを　入れない　にがい　コーヒーが　すきです。

4　8年も　かって　いた　ねこが　しんで　しまって　とても　にがいです。

28　たおれる

1　じしんで　ほんだなが　たおれました。

2　ポケットから　さいふが　たおれて　しまいました。

3　すずきさんは　ようじが　あって　かいぎを　たおれました。

4　きのうは　つかれたので　おふろに　入らないで　たおれました。

N4 模擬テスト

第 2 回

言語知識（文法）・読解

（55 ふん）

もんだい1　（　　　　）に 何を 入れますか。1・2・3・4から いちばん い
い ものを 一つ えらんで ください。

（例）　父は 毎朝 新聞（　　　　）　読みます。

　　　1　が　　　　　2　の　　　　　3　を　　　　　4　で

（解答用紙）　　（例）　　① ② ● ④

1　ゆうべ、デートの 時間（　　　　）　遅れて、彼女を 怒らせて しまった。

　　1　で　　　　　2　に　　　　　3　が　　　　　4　も

2　佐藤「トムさんは よく テニスを しますか。」

　　トム「いいえ、日本に 来てから 1回（　　　　）　しませんでした。」

　　1　から　　　　　2　だけ　　　　　3　にも　　　　　4　しか

3　田中さんは 英語も スペイン語（　　　　）　上手です。

　　1　も　　　　　2　と　　　　　3　の　　　　　4　は

4　靴売り場が さくらデパートの 何階に ある（　　　　）　店員に 聞き
ました。

　　1　か　　　　　2　を　　　　　3　と　　　　　4　に

5　西田さんが 風邪で 学校を 休んだと 先生（　　　　）　聞いた。

　　1　では　　　　　2　に　　　　　3　から　　　　　4　を

6　妻は あの きっさてんに 行ったら、（　　　　）　サンドイッチを 注
文します。

　　1　いつのまにか　　2　すっかり　　　3　だんだん　　　4　かならず

7　娘は レポートを （　　　　）　出すために、机に 向かって 頑張っ
て います。

　　1　今日中に　　　2　今日中が　　　3　今日を　　　　4　今日の

8　A「昨日の 試験で 満点を 取った 人は 10人も いると 聞きましたよ。」

　　B「えー、すごいですね。でも、（　　　　）　ことも ありますね。みん
な 優秀ですね。」

　　1　どういう　　　　2　そういう　　　3　この　　　　　4　その

9　この 地域は 夏に （　　　　）、雨の 日が 多く なります。

　　1　入るまで　　　2　入ると　　　3　入った あとで　4　入っても

10 A「田中さん、 引っ越しを しましたか。」

　　B「いいえ、今 部屋を （　　　　） ところです。」

　　1 探して いる　　2 探して ある　　3 探して いた　　4 探した

11 今度の 休みは 家族で 海外旅行に （　　　　） と 思って います。

　　1 行った　　　　　2 行きます　　　3 行こう　　　　　4 行きたいです

12 中村「藤井さん、今日 ペンケースを 家に 忘れましたが、その ペンを

　　　　　（　　　　）。」

　　藤井「はい、どうぞ。」

　　1 使ったかもしれません　　　　　　2 使ったことが ありますか

　　3 使っても いいですか　　　　　　4 使いたく なりました

13 私は 小さいころから ダンスを 習って 来ましたが、大学に 入って

　　あまり 練習する 時間が ないので、（　　　　）。

　　1 踊っては いけません　　　　　　2 踊らなければ なりません

　　3 踊れるように なりました　　　　4 踊れなく なりました

もんだい2 　★　に 入る ものは どれですか。1・2・3・4から いちばん

　　　　　　いい ものを 一つ えらんで ください。

（問題例）

　引き出しの ＿＿＿＿ ＿＿＿＿ 　★　 ＿＿＿＿ あります。

　1 が　　　　　　2 に　　　　　　3 中　　　　　　4 ペン

（答え方）

1. 正しい 文を 作ります。

引き出しの ＿＿＿＿ ＿＿＿＿ 　★　 ＿＿＿＿ あります。
3 中　　2 に　　4 ペン　　1 が

2. 　★　に 入る 番号を 黒く 塗ります。

（解答用紙）　| （例） | ① ② ③ ● |

14 （学生寮で）

「こちらは　寮の　管理人の　小島さんです。何か　わからない　_____

_____　_____ ★ _____　ください。」

1　ことが　　　　　2　聞いて　　　　　3　あったら　　　　4　いつでも

15 この　本を　明日　_____ _____ ★ _____ を　忘れないで　ください。

1　図書館に　　　　2　の　　　　　　3　返す　　　　　　4　までに

16 息子は　友だち　_____ ★ _____ _____元気が　ない。

1　ようで　　　　　2　けんかを　　　　3　した　　　　　　4　と

17 私は　京都が　好きで、京都には　ずっと　_____ _____ ★ _____ です。

1　から　　　　　　　　　　　　　　2　行きたかった

3　うれしかった　　　　　　　　　　4　行くことが　できて

もんだい3 18 から 21 に　何を　入れますか。文章の　意味を　考えて、1・2・3・4から　いちばん　いい　ものを　一つ　えらんで　ください。

下の　文章は、留学生の　作文です。

ゴルフ

クロエ・ヴンサン

　私は　国では　ゴルフを　したことが　ありません。日本 18 ゴルフの　練習場が　多いと　聞いて、きょうみを　もちました。だから、先週の　土曜日に、友だちに　つれて 19 。

　練習場で　実際に　ゴルフを　やって　みると、なかなか　難しかったです。周りの　人は　みんな　上手そうで、自分だけ　打てなかったので、少し　落ち込んで　いました。そこで、友だちが　「だいじょうぶ。やって　いる　うちに 20 よ。」と　言って　くれました。そして、打ち方を　やさしく　教えて　くれました。私たちは　3時間も　やって　いました。疲れましたが、とても　楽しかったです。

家に　帰った　あと、大学の　近くにも　練習場が　あると　知りました。
21　、最近は　よく　友だちと　その　練習場に　通って　います。ゴルフは　本当に　おもしろいです。

18

1　だけ　　　　　2　より　　　　　3　でも　　　　　4　には

19

1　行って　もらいました　　　　　2　行って　くれました

3　行って　いました　　　　　　　4　行って　います

20

1　上手かもしれない　　　　　　　2　上手に　なる

3　上手に　できた　　　　　　　　4　上手じゃない

21

1　しかし　　　　　2　まず　　　　　3　だから　　　　　4　たとえば

もんだい4　つぎの（1）から（3）の文章を読んで、質問に答えてください。答えは、
　　　　　1・2・3・4から、いちばんいいものを一つえらんでください。

（1）

お知らせ

　「日本文学」（月曜日〜木曜日　9時から10時半まで）は、担当教員が来週の水曜日に出張に行くことで、休みになります。水曜日の授業は金曜日の午後にかわります。

　　水曜日：9時から10時半まで　　⇒　　金曜日：午後4時から5時半

　　金曜日にしゅくだいを先生に出してください。

---

22 来週の授業について、正しいものはどれですか。

1 来週の水曜日も金曜日も休みです。

2 来週の金曜日にしゅくだいを出します。

3 来週の金曜日は休みですが、しゅくだいを出します。

4 来週の水曜日は休みですが、しゅくだいを出します。

(2)

　家の近くにおもしろい店ができました。スペイン風のレストランです。お客さんは、店に入って、まず好きなスペインの服を選びます。それから、店員に焼いてもらった魚とパンを食べながら、ワインを飲みます。店員が音楽に合わせて、スペインの踊りも踊ってくれます。いっしょに踊ることもできます。まるでスペインにいるようです。

23 おもしろい店について、合っているのはどれですか。

1 この店はスペインにあって、店員もスペイン人です。

2 スペイン人の店員に、魚とパンを焼いてもらえます。

3 スペインの服を着て、店員とスペインの踊りを踊ることができます。

4 店員といっしょに料理を食べながら、ワインを飲むことができます。

(3)

（会社で）

　木村さんの机の上に、このメモが置いてあります。

木村さん

　今日の午後、二丸商事の山崎さんと松本さんがこちらにおいでになります。すみませんが、その時、第1会議室に飲み物を出してくれませんか。山崎さんにはお茶を、松本さんにはコーヒーを出してください。

　よろしくお願いします。

4月13日　9：52

山田

---

24 今日の午後、木村さんは何をしなければなりませんか。

　1　お客さんを第1会議室まで案内します。

　2　山田さんと一緒にお客さんに飲み物を出します。

　3　お客さんが来る前に、飲み物を出しておきます。

　4　山崎さんにお茶を、松本さんにコーヒーを出します。

もんだい5　つぎの文章を読んで、質問に答えてください。答えは、1・2・3・4か
　　　　　ら、いちばんいいものを一つえらんでください。

　私は美容師にあこがれています。子どものころ、先生に将来の夢を聞かれて、「美容師」と答えました。①先生もクラスメートもびっくりしました。お医者さんや弁護士になりたいと答えた人は多いですが、美容師になりたい人は少ないからです。

　中学生の時、図書館で日本の雑誌を読んだことがあります。日本語はわかりませんでしたが、中の写真を見て、モデルさんたちはみんな髪型がおしゃれですてきだと思いました。それで、日本へ留学に行こうと決めました。

　私は、去年の4月から、東京の美容専門学校に入って、カットやパーマの技術を学んでいます。東京には美容室がたくさんありますから、私はいろいろな店に行って、髪型を変えてもらいます。私の国の美容室は、選べる髪型が少ないです。卒業したら、国で美容室をやりたいと思います。

　私の夢を聞いて、「お店を始めるのは難しいし、お金もかかりますよ。」と心配してくれる人もいます。でも、それは大丈夫です。今は学校の近くの美容室でアルバイトをして、お金を貯めています。町の人たちのために、きれいな髪型を作っています。新しい髪型になったとき、お客さんの満足そうな笑顔を見ると、②とてもうれしいです。

　美容師は人を美しくする職業で、私の国の人をきれいにするのが楽しみです。

25 どうして①先生もクラスメートもびっくりしましたか。

　1　「私」の夢は珍しいから

　2　「私」は日本語がわからなかったから

　3　「私」が日本へ留学に行こうと決めたから

　4　「私」がみんなと同じ夢を抱いているから

26 「私」は、専門学校を卒業したあとで、何をしようと思っていますか。

1 日本で、美容室のアルバイトを続けます。

2 日本で、美容師の勉強を続け、美容室を作ります。

3 国に帰って、カットやパーマの技術を国の人に教えます。

4 国に帰って、自分の美容室を作って、国の人をきれいにします。

27 どうして②とてもうれしいですか。

1 自分の新しい髪型が人にほめられたから

2 学校の近くの美容室でアルバイトをしているから

3 お客さんが新しい髪型を見て、よろこんでいるから

4 「私」の夢を聞いて、心配してくれる人がいるから

もんだい6　次のページの大学のお知らせを見て、下の質問に答えてください。答えは、1・2・3・4から、いちばんいいものを一つえらんでください。

28 ダンさんはマラソン大会で何か手伝いたいです。英語ができます。10時より後は時間があります。ダンさんが手伝えることはどれですか。

1 ②だけ

2 ③のBだけ

3 ②、③のB

4 ②、③のA、③のB

29 説明会で説明を聞きたい人は、どうしますか。

1 5月12日14時までに学生課に行きます。

2 5月12日14時に第2教室に行きます。

3 5月18日16時までに学生課に行きます。

4 5月18日16時に第2教室に行きます。

市民マラソン大会で手伝ってくれる人はいませんか

5月20日（土）に、川越町で市民マラソン大会があります。

町の方から、英語の通訳をしたり、会場の準備や片付けをしたりするのを手伝ってくれませんかというお願いがありました。

先生たちも手伝うので、みなさんも一緒に手伝ってくれませんか。

①会場の準備	②片付け
・机やいすを並べたり、選手たちの水やタオルを運んだりします。 ・5月20日（土） 　午前7時から8時まで	・机やいすを片付けたり、会場のごみを拾ったりします。 ・5月20日（土） 　午前11時から12時まで
③英語の通訳	
A：・大会の前に、日本語のわからない外国人の選手たちにルールを説明します。 　・5月20日（土）　　　午前7時から8時まで B：・大会の後で、外国人の選手たちを休憩室まで案内します。 　・5月20日（土）　　　午前11時から12時まで	

★説明会について

5月12日（金）にマラソン大会についての説明会があります。大会で手伝ってくれる人は、14時に第2教室に来てください。

（説明会に出席できない人は、5月18日（木）16時までに学生課に来て、説明の資料をもらってください。）

さくら日本語学校　学生課

N4 模擬テスト

<ruby>第<rt>だい</rt></ruby> 2 <ruby>回<rt>かい</rt></ruby>

<ruby>聴解<rt>ちょうかい</rt></ruby>

（35 ふん）

もんだい1

　もんだい1では、まず　しつもんを　聞いて　ください。それから　話を　聞いて、もんだいようしの　1から4の　中から、いちばん　いい　ものを　一つ　えらんで　ください。

1ばん

2ばん

1　もくようび

2　きんようび

3　どようび

4　にちようび

3 ばん

1

2

3

4

4 ばん

1

2

3

4

5 ばん

1　1さつ

2　2さつ

3　3さつ

4　4さつ

6 ばん

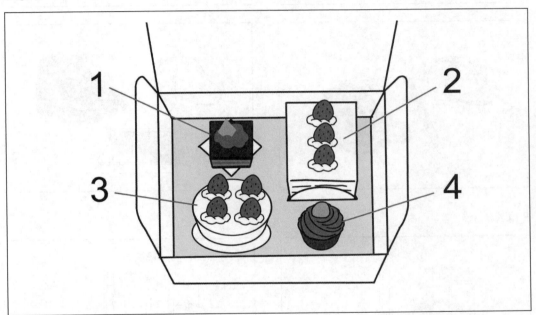

7 ばん

1

2

3

4

8 ばん

1

2

3

4

もんだい2

　もんだい2では、まず　しつもんを　聞いてください。そのあと、もんだいよう
しを　見て　ください。読む　時間が　あります。それから　話を　聞いて、も
んだいようしの　1から4の　中から、いちばん　いい　ものを　一つ　えらんで
ください。

1ばん

1　しゃしんを　とること
2　町を　あるくこと
3　りょこうを　すること
4　海で　およぐこと

2ばん

1　えいがを　見に　行く
2　スポーツを　しに　行く
3　コンサートに　行く
4　しあいを　見に　行く

3ばん

1　行くのに　時間が　かかるから
2　こんで　いるから
3　ねだんが　高いから
4　おいしくないから

4 ばん

1　おきるのが　おそかったから

2　けいたいでんわを　さがして　いたから

3　かばんを　えらんで　いたから

4　タクシーを　ひろえなかったから

5 ばん

1　えきの　東がわと　南がわの　みち

2　えきの　東がわと　北がわの　みち

3　えきの　西がわと　南がわの　みち

4　えきの　西がわと　北がわの　みち

6 ばん

1　小学生の　とき

2　中学生の　とき

3　高校生の　とき

4　大学生の　とき

7 ばん

1　たいいくかん

2　もんの　そば

3　じむしょ

4　コンビニ

もんだい3

　もんだい3では、えを　見ながら　しつもんを　聞いて　ください。➡（やじるし）
の　人は　何と　言いますか。1から3の　中から、いちばん　いい　ものを　一
つ　えらんで　ください。

1ばん

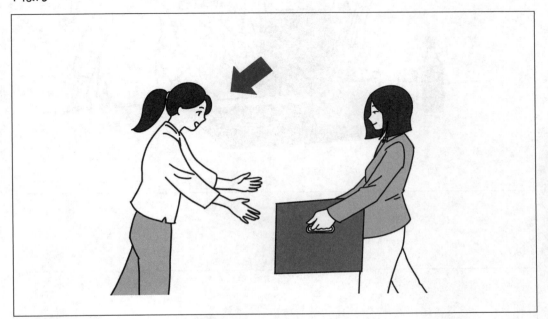

2 ばん

3 ばん

4 ばん

5 ばん

もんだい4

　もんだい4では、えなどが　ありません。まず　ぶんを　聞いて　ください。
それから、そのへんじを　聞いて、1から3の　中から、いちばん　いい　ものを
一つ　えらんで　ください。

— メモ —

N4 模擬テスト

<ruby>第<rt>だい</rt></ruby><ruby>回<rt>かい</rt></ruby>

第3回

げんごちしき（もじ・ごい）

（25 ふん）

もんだい1 ＿＿＿＿の ことばは ひらがなで どう かきますか。1・2・3・4
から いちばん いい ものを ひとつ えらんで ください。

（れい） これは 2個で 千円です。

1 せいえん　　　2 せいねん　　　3 せんねん　　　4 せんえん

（かいとうようし）　| （れい）　| ① ② ③ ● |

---

1 薬指に けがを しました。
　1 くすりよび　　2 くすりゆび　　3 おやよび　　　4 おやゆび

2 毎日 にほんごの たんごを 10個ずつ 覚えて います。
　1 かえて　　　　2 こえて　　　　3 そろえて　　　4 おぼえて

3 まちには じどうしゃの 工場が あります。
　1 こうしょう　　2 こうじょう　　3 こしょう　　　4 こじょう

4 うちは えきから 近いです。
　1 ちかい　　　　2 とおい　　　　3 つよい　　　　4 よわい

5 あねは 髪が ながいです。
　1 うで　　　　　2 かみ　　　　　3 いと　　　　　4 あし

6 としょかんに 本を 返しました。
　1 わたしました　2 さがしました　3 はなしました　4 かえしました

7 6さいから ピアノを 習って います。
　1 ならって　　　2 はらって　　　3 やって　　　　4 おって

もんだい2 ＿＿＿＿の ことばは どう かきますか。1・2・3・4から いちば
ん いい ものを ひとつ えらんで ください。

（れい） この もんだいを よんで ください。

1 諸んで　　　2 続んで　　　3 読んで　　　4 緒んで

（かいとうようし）　| （れい）　| ① ② ● ④ |

---

8 まどから <u>くも</u>を みて います。

1 雨　　　　　　2 空　　　　　　3 星　　　　　　4 雲

9 この スープは あじが ちょっと <u>うすい</u>です。

1 低い　　　　　2 太い　　　　　3 薄い　　　　　4 熱い

10 毎日 にほんごで <u>にっき</u>を 書いて います。

1 日説　　　　　2 日記　　　　　3 日誌　　　　　4 日訳

11 あそこに <u>ほんや</u>が ありますよ。

1 本屋　　　　　2 本家　　　　　3 書屋　　　　　4 書家

12 まえに <u>すすんで</u> ください。

1 沈んで　　　　2 休んで　　　　3 踏んで　　　　4 進んで

もんだい3 （　　　　）に なにを いれますか。1・2・3・4から いちばん
いい ものを ひとつ えらんで ください。

（れい）　あの （　　　　）を かぶって いる 人が 兄です。

1 くつした　　2 とけい　　3 ぼうし　　4 めがね

（かいとうようし）　| （れい）　| ①　②　●　④ |

---

13 来週 京都へ 行くので、しんかんせんの きっぷを （　　　　）しま
した。

1 よてい　　　　2 よやく　　　　3 たんとう　　　　4 こうかん

14 電車が たいへん （　　　　）いて、ずっと たって いました。

1 すべって　　　2 まがって　　　3 ふとって　　　4 こんで

15 へやが さむかったから、（　　　　）を つけました。

1 でんき　　　　2 せんたくき　　3 だんぼう　　　4 れいぼう

16 この ちずを きょうしつの かべに （　　　　）ください。

1 まかせて　　　2 しらせて　　　3 たたいて　　　4 はって

17 日本の まんがに （　　　　）を もって います。

1 きぶん　　　　2 きょうみ　　　3 えがお　　　　4 せいしん

18 そふに もらった この まんねんひつを （　　　　）に つかって い

ます。

1　だいじ　　　　2　だめ　　　　　　3　さまざま　　　　4　たいへん

19 絵が　じょうずな　さとうさんが　うんどうかいの　（　　　　）を　かき
ました。

1　ホームページ　2　アルバム　　　3　ポスター　　　4　テキスト

20 この　かぞくしゃしんは　きれいに　（　　　　）　います。

1　そろって　　　　2　うつって　　　3　のこって　　　4　かなって

もんだい4　　　　　の　ぶんと　だいたい　おなじ　いみの　ぶんが　あります。
1・2・3・4から　いちばん　いい　ものを　ひとつ　えらんで　くだ
さい。

（れい）　ゆうべ　ゲームを　しました。

1　おとといの　あさ　ゲームを　しました。

2　おとといの　よる　ゲームを　しました。

3　きのうの　あさ　ゲームを　しました。

4　きのうの　よる　ゲームを　しました。

（かいとうようし）

（れい）	①	②	③	●

---

21 ふるい　かぐを　すてました。

1　ふるい　ほんや　ざっしを　すてました。

2　ふるい　いすや　つくえを　すてました。

3　ふるい　ふくや　くつを　すてました。

4　ふるい　テレビや　れいぞうこを　すてました。

22 ここは　きけんです。

1　ここは　うるさいです。

2　ここは　うるさくないです。

3　ここは　あぶないです。

4　ここは　あぶなくないです。

23 いまから　よういします。

1 いまから　ちゅうもんします。

2 いまから　ちょうさします。

3 いまから　じゅんびします。

4 いまから　しゅうりします。

24 ともだちを　テニスに　さそいました。

1 ともだちに　「テニスを　して　ください」と　言いました。

2 ともだちに　「テニスを　しないで　ください」と　言いました。

3 ともだちに　「テニスに　いきましたか」と　言いました。

4 ともだちに　「テニスに　いきませんか」と　言いました。

もんだい5　つぎの　ことばの　つかいかたで　いちばん　いい　ものを　1・2・3・4から　ひとつ　えらんで　ください。

（れい）　すてる

　　1　つくえの　うえを　すてて　ください。

　　2　うそを　つくのは　すてて　ください。

　　3　この　袋に　ごみを　すてて　ください。

　　4　教科書を　かばんに　すてて　ください。

（かいとうようし）　（れい）　①　②　●　④

25　おと

1　もりさんは　カラオケで　今　はやって　いる　おとを　うたいました。

2　うるさいから、テレビの　おとを　小さく　しました。

3　きこえませんので、もっと　おおきな　おとで　話して　ください。

4　ジョンさんは　日本語の　おとが　きれいです。

26　つごう

1　せんたくきの　つごうが　わるくて、あたらしいのを　買いたいです。

2　先生は　その　日　つごうが　わるいので、パーティーに　来ないそうです。

3　ここは　コンビニや　スーパーが　多くて、かいものの　つごうが　いいです。

4　1か月も　かかって　足の　つごうが　治りました。

27 けんがく

1 あした みんなで ビールこうじょうを けんがくします。

2 レポートを 書くために、いろいろな しりょうを けんがくしました。

3 あさ てんきよほうを けんがくして から 出かけます。

4 先週の にちようび、友だちの いえを けんがくしました。

28 にあう

1 すずきさんとは あまり 話が にあいません。

2 その 青の コートは リーさんに よく にあって います。

3 わたしの ぼうしは やまださんの ぼうしに にあって います。

4 駅まで はしって いったが、終電に にあいませんでした。

N4 模擬テスト

第 3 回
<small>だい かい</small>

言語知識（文法）・読解
<small>げん ご ち しき ぶんぽう どっかい</small>

（55 ふん）

もんだい1 （　　　　）に　何を　入れますか。1・2・3・4から　いちばん　い
い　ものを　一つ　えらんで　ください。

（例）　父は　毎朝　新聞（　　　　）　読みます。

　　　1　が　　　　　　2　の　　　　　　3　を　　　　　　4　で

（解答用紙）　| （例） | ①　②　●　④ |

1　おすしを　食べた（　　　　）　今日が　初めてです。

　　　1　のは　　　　　　2　のに　　　　　3　には　　　　　4　では

2　ヨーグルトは　ぎゅうにゅう（　　　　）　作られて　います。

　　　1　まで　　　　　　2　に　　　　　　3　から　　　　　4　へ

3　週末、私は　こうはいの　田村さん（　　　　）　たっきゅうを　しました。

　　　1　も　　　　　　　2　と　　　　　　3　が　　　　　　4　を

4　西村さんは　鉛筆を　10本以上　持っているが、私は　1本（　　　　）
持って　いない。

　　　1　だけ　　　　　　2　ずつ　　　　　3　くらい　　　　4　しか

5　この　建物は　30年前に　この　町の　人たち（　　　　）　建てられたそ
うです。

　　　1　について　　　　2　から　　　　　3　によって　　　4　なので

6　小林「リーさん、キムさんが　会社を　辞めることを　聞きましたか。」

　　　リー「えっ、（　　　　）　話、聞いて　いませんよ。」

　　　1　こんな　　　　　2　どんな　　　　3　あんな　　　　4　そんな

7　きのう、ゆうがたに　コーヒーを　飲んだから、夜　（　　　　）　眠れま
せんでした。

　　　1　だいたい　　　　2　そろそろ　　　3　なかなか　　　4　ときどき

8　電車に　（　　　　）ように、駅へ　走って　行きました。

　　　1　遅れられる　　　2　遅れる　　　　3　遅れない　　　4　遅れた

9　今の　部屋は　駅から　遠くて　不便だから、駅の　近くの　部屋を
（　　　　）と　思って　います。

　　　1　探そう　　　　　2　探される　　　3　探せる　　　　4　探した

10 昨日、傘を 電車に 忘れて、雨に （　　　　） しまった。

1 降って　　　　2 降られて　　　　3 降らせて　　　　4 降らないで

11 子どもが 小さい うちに いい 習慣を 身に （　　　　） ほうが

いいです。

1 つけさせて あった　　　　　　　2 つけさせて おいた

3 つけて あった　　　　　　　　　4 つけて おいた

12 A 「西川さんが どこに いるか 知って いますか。」

B 「いいえ。でも、この 時間なら、もう 帰った （　　　　）ね。」

1 ことに なりました　　　　　　　2 ことが できます

3 かもしれません　　　　　　　　　4 ばかりです

13 A 「何か 手伝いましょうか。」

B 「じゃ、トマトを 洗ってから （　　　　）。」

1 切って もらいませんか　　　　　2 切って くれますか

3 切っても いいですか　　　　　　4 切らなくても いいですか

もんだい2 ＿★＿に 入る ものは どれですか。1・2・3・4から いちばん

いい ものを 一つ えらんで ください。

（問題例）

引き出しの ＿＿＿＿ ＿＿＿＿ ＿★＿ ＿＿＿＿ あります。

1 が　　　　　　2 に　　　　　　3 中　　　　　　4 ペン

（答え方）

1. 正しい 文を 作ります。

引き出しの ＿＿＿＿	＿＿＿＿	＿★＿	＿＿＿＿ あります。
3 中	2 に	4 ペン	1 が

2. ＿★＿に 入る 番号を 黒く 塗ります。

（解答用紙）　（例）　① ② ③ ●

14 （電話で）

A「もしもし、田中さん、今　学校に　いますか。」

B「いいえ。今、ちょうど ＿＿＿ ＿＿＿ ＿★＿ ＿＿＿ です。」

　　1　来た　　　　　　2　ところ　　　　3　家に　　　　　4　帰って

15 来月、鈴木さんと　一緒に　北海道へ ＿＿＿ ＿★＿ ＿＿＿ ＿＿＿ に　しました。

　　1　りょこう　　　2　行く　　　　　3　こと　　　　　4　に

16 この　野菜は　炒めたり　煮たり ＿＿＿ ＿＿＿ ＿★＿ ＿＿＿ ほう が　おいしいです。

　　1　するより　　　2　まま　　　　　3　食べた　　　　4　生の

17 わたしは　しりょうを ＿＿＿ ＿＿＿ ＿★＿ ＿＿＿ もらった。

　　1　先輩に　　　　　　　　　　　　2　コピー機の　使い方を

　　3　教えて　　　　　　　　　　　　4　コピーしたくて

もんだい3 18 から 21 に　何を　入れますか。文章の　意味を　考えて、1・2・3・4から　いちばん　いい　ものを　一つ　えらんで　ください。

下の　文章は、留学生の　作文です。

犬の　写真

アーサー・コレット

　私は　先月、学校の　近くに　引っ越して　来ました。ある日、家の　あたりを　散歩して　いたら、ペットの　店を　見つけました。私の　姉は　犬 18 大好きです。国で　「花ちゃん」という　犬を　飼って　います。姉は　留学して　いる　私に　よく　花ちゃんの　写真を　送って　くれます。

　姉に　日本の　ペットの　店には　どんな　犬が　いるか　教えたいと　思って、その　店に　入って　みました。店には　いろいろな　犬や　猫が　いました。とても　かわいかったです。私は　店の　人に　犬の　写真を 19 聞きました。店の　人が　いいと　言って　くれたので、犬の　写真を　たくさん　とりました。 20 、おれいを　言って　帰りました。

　家に　帰って、ペットの　店で　とった　写真を　メールで　姉に　送りま

した。姉は すぐに 返事を くれました。その メールには また かわいい 犬の 写真が 見たいと 書いて ありました。姉は とても よろこんで いました。

　私は これから ときどき 日本の 犬の 写真を 姉に **21** 。

18

　1 に　　　　　2 を　　　　　3 が　　　　　4 も

19

　1 とっても いいか　　　　　　2 とって もらえませんか

　3 とりましょうか　　　　　　　4 とって ください

20

　1 でも　　　　　2 それから　　　3 だから　　　4 とくに

21

　1 送って います　　　　　　　2 送る ことです

　3 送って おきます　　　　　　4 送る つもりです

もんだい4　つぎの（1）から（3）の文章を読んで、質問に答えてください。答えは、1・2・3・4から、いちばんいいものを一つえらんでください。

（1）

　これはロビンさんが同じ会社の人に書いたメールです。

みなさん

今朝、吉崎部長に会いました。「来週の展覧会のポスターは決めましたか。金曜日までですよ。」と言われました。この前作った二つのポスターのどちらにするか、明日の昼休みに、社員食堂で食べながら決めましょうか。

来られない人は、メールで意見を書いてください。

よろしくお願いします。

ロビン

---

22 展覧会について、ロビンさんがこのメールで言いたいことはどれですか。

1 ポスターを決めるために、部長に相談しましょう。

2 ポスターを決めるために、メールで意見を言いましょう。

3 ポスターを決めるために、今日社員食堂で話し合いましょう。

4 ポスターを決めるために、明日の昼休みに集まって話し合いましょう。

(2)

　なぜ人間はあたたかい食べ物を「おいしい」と感じるのでしょう。食べ物をあたためることで、人間の体の中へ消化して吸収することができるそうです。でも、野菜サラダやアイスは冷たいほうがおいしいです。フルーツや刺身も冷たいほうがおいしいです。ただ、寿司は自然のままの温度がおいしいです。

23 食べ物の温度について、正しいものはどれですか。

1 あたたかい食べ物は、何でもおいしいです。

2 あたたかい食べ物は、どれもおいしくありません。

3 あたたかいほうがおいしいものもあり、冷たいほうがおいしいものもあります。

4 冷たい食べ物は、体の中へ消化して吸収することができないので、健康に悪いです。

(3)

　この紙が日本語学校の掲示板にはってあります。

６人制サッカーをしませんか

　駅の近くに新しい体育館ができました。一緒に６人制サッカーをしませんか。利用料金は平日は２時間で1,800円で、週末は2,400円です。６人集まれば、一人300円か400円でできます。今週の木曜日に一度やってみたいと思います。

　一緒にやりたい人は、水曜日までに私のところに来てください。その時、利用料金ももらいますから、お金を持ってきてください。

３月20日（月）

ライアン・ソーン

---

24 ライアンさんと一緒にサッカーをしたい人は、まずどうしなければなりませんか。

   1 水曜日までにライアンさんのところに行って、300円を払います。

   2 水曜日までにライアンさんのところに行って、400円を払います。

   3 木曜日までにライアンさんに300円を払います。

   4 木曜日までにライアンさんに400円を払います。

もんだい5　つぎの文章を読んで、質問に答えてください。答えは、1・2・3・4か
　　　　　ら、いちばんいいものを一つえらんでください。

　私は今、東京の日本語学校で勉強しています。日本に来て、①ちょっと気づいた
ことがあります。それは、日本人は何かあったらすぐに「ごめんなさい。」「すみ
ません。」と謝ることです。

　たとえば、この間、電車で席に座って音楽を聴いているとき、一人のおばあさん
が立っているのを見ました。席を譲ってあげたら、「すみません。ありがとうね。」
とそのおばあさんが言ってくれました。②私は、「あれ？」と思いました。謝るた
めの「すみません。」は、なぜ感謝するための「ありがとう。」と一緒に言ったでしょう。

　その話を日本人の友だちの山口さんに言ったら、山口さんが「あなたに迷惑をか
けたので申し訳なく思って、それと同時に、あなたにとても感謝している気持ちで
したね。」と言いました。

　「とても複雑な気持ちですね。」

　「でも私の場合は、子どものころからそう教えられてきたから、今は口ぐせみた
いなものになったんです。」と山口さんが笑いながら、言いました。

　こうして考えてみると、この「すみません。」という言葉はとても便利な言葉です。
私の国では、すぐに謝るのはよくないと思われています。でも、日本に来て、「す
みません。」と「ごめんなさい。」を自然と言うようになりました。

25　①ちょっと気づいたこととありますが、どんなことですか。

   1 日本人はあまり人に謝らないこと

   2 日本人はすぐに謝る習慣があること

   3 日本人は電車の中で音楽を聴かないこと

   4 日本人はあまりお年寄りに席を譲らないこと

26 ②私は、「あれ？」と思いましたとありますが、その時「私」はどんな気持ちでしたか。

1 残念な気持ち　　　　　　　　　　2 うれしい気持ち

3 感謝の気持ち　　　　　　　　　　4 不思議な気持ち

27 「ごめんなさい。」と「すみません。」について、「私」はどう思っていますか。

1 複雑な気持ちがあるので、不便な言葉です。

2 「私」の国では使ってはいけない言葉です。

3 便利な言葉で、自分も使うようになりました。

4 便利な言葉ですが、使わないほうがいいです。

もんだい6　次のページを見て、下の質問に答えてください。答えは、1・2・3・4から、いちばんいいものを一つえらんでください。

28 健康や保険について相談できるのはいつですか。

1 月曜日の午後か土曜日の午後

2 火曜日の午前か木曜日の午後

3 水曜日の夜か土曜日の午後

4 金曜日の午前か土曜日の夜

29 キムさんは住むところについて相談をしたいと思っています。いつ相談できますか。

1 月曜日の午後だけ

2 月曜日の午後か金曜日の午前

3 金曜日の午前か土曜日の夜

4 月曜日の午後か金曜日の午前か土曜日の夜

A

留学生のみなさんへ

日本に来て、生活の中で困っていることはありませんか。

住むところ、学校のこと、健康や保険について相談ができます。

専門の相談員がいます。相談は日本語・英語で行います。

無料ですので、遠慮なく相談に来てください。

	午前 (9：30 ～ 12：00)	午後 (14：00 ～ 16：30)	夜 (18：00 ～ 20：30)
月		住むところ	
火	学校のこと		
水			健康や保険
木		学校のこと	
金	住むところ		
土		健康や保険	住むところ

城川市役所生活相談課

住所：城川市西野町 3-4

電話：07-4978-1232

メール：soudan@sirokawa.lg.jp

B　キムさんの5月の予定

	昼間	夜
月曜日	9時から12時まで　授業	
火曜日	14時から17時まで　授業	
水曜日	9時から12時まで　授業	18時から21時まで　アルバイト
木曜日	13時から16時まで　授業	
金曜日	14時から17時まで　授業	
土曜日		18時から21時まで　アルバイト
日曜日	10時から12時まで　アルバイト	

N4 模擬テスト

だい　かい
第 3 回

聴解

（35 ふん）

もんだい1

　もんだい1では、まず　しつもんを　聞いて　ください。それから　話を　聞いて、もんだいようしの　1から4の　中から、いちばん　いい　ものを　一つ　えらんで　ください。

1ばん

1　あさごはんの　前と　ひるごはんの　前

2　あさごはんの　あと

3　ひるごはんの　前と　ばんごはんの　前

4　ひるごはんの　あと

2ばん

3 ばん

1 としょかん

2 じぶんの うち

3 しょくどう

4 じむしょ

4 ばん

5 ばん

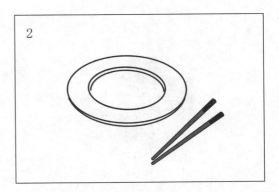

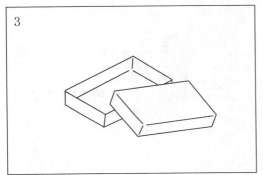

6 ばん

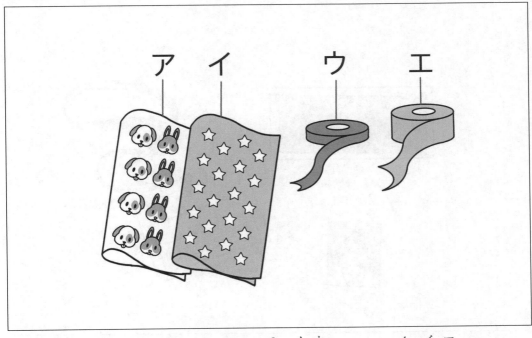

1 アウ　　　　2 アエ　　　　3 イウ　　　　4 イエ

7 ばん

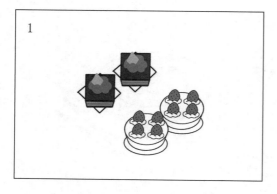

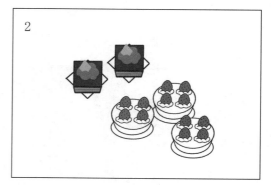

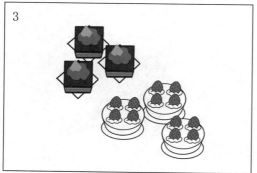

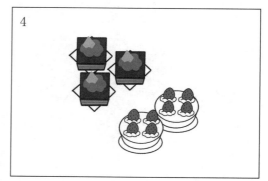

8 ばん

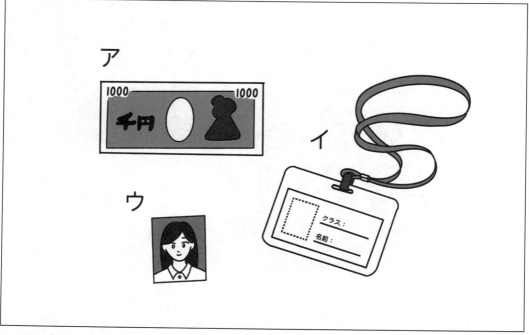

1 アイ　　　　　2 アウ　　　　　3 イウ　　　　　4 アイウ

もんだい2

　もんだい2では、まず　しつもんを　聞いてください。そのあと、もんだいよう
しを　見て　ください。読む　時間が　あります。それから　話を　聞いて、も
んだいようしの　1から4の　中から、いちばん　いい　ものを　一つ　えらんで
ください。

1ばん

1　毎日

2　1週間に　1かい

3　1週間に　2かい

4　1か月に　1かい

2ばん

1　ぐあいが　わるいから

2　えんそくが　きらいだから

3　アルバイトが　あるから

4　ともだちを　むかえに　いくから

3ばん

1　かいじょうの　じゅんびを　すること

2　しあい前に　れんしゅうを　すること

3　かいじょうを　かりること

4　しあいに　出ること

4ばん

1　さいふを　とりに　かえる　　　2　じゅぎょうに　行く

3　ともだちに　お金を　かりる　　4　じむしょに　行く

5ばん

1　こうえんで　ふねに　のった

2　テニスを　した

3　はなみを　した

4　きっさてんで　コーヒーを　のんだ

6 ばん

1　火ようびと　水ようびと　金ようび

2　火ようびと　金ようび

3　木ようびと　金ようび

4　火ようびと　水ようび

7 ばん

1　手袋や　マフラーを　プレゼントする　人

2　りょうりを　つくる　人

3　花や　ケーキを　おくる　人

4　いっしょに　かいものを　する　人

もんだい3

　もんだい3では、えを　見ながら　しつもんを　聞いて　ください。➡（やじるし）の　人は　何と　言いますか。1から3の　中から、いちばん　いい　ものを　一つ　えらんで　ください。

1 ばん

2 ばん

3 ばん

4ばん

5ばん

もんだい4

　　もんだい4では、えなどが　ありません。まず　ぶんを　聞いて　ください。それから、そのへんじを　聞いて、1から3の　中から、いちばん　いい　ものを一つ　えらんで　ください。

— メモ —

N4 模擬テスト

<ruby>第<rt>だい</rt></ruby>4<ruby>回<rt>かい</rt></ruby>

げんごちしき（もじ・ごい）

（25 ふん）

もんだい1 ＿＿＿＿＿の ことばは ひらがなで どう かきますか。1・2・3・4
から いちばん いい ものを ひとつ えらんで ください。

（れい） これは 2個で 千円です。

1 せいえん　　2 せいねん　　3 せんねん　　4 せんえん

（かいとうようし）　| （れい） | ① ② ③ ● |

---

1 先週　家族で　旅行に　行きました。

1 りょうこ　　　2 りょこ　　　3 りょうこう　　4 りょこう

2 さいきん　しごとが　いそがしくて　疲れました。

1 わすれました　　　　　　　2 たおれました
3 つかれました　　　　　　　4 ながれました

3 この　へやは　ちょっと　暗いですね。

1 せまい　　　2 あさい　　　3 あかるい　　4 くらい

4 弟は　体が　じょうぶです。

1 からた　　　2 からだ　　　3 かたら　　　4 かだら

5 その　ペンを　取って　ください。

1 ふって　　　2 とって　　　3 つかって　　4 かざって

6 近所の　ひとに　あいさつを　します。

1 きんしょ　　2 きんじょ　　3 ちかしょ　　4 ちかじょ

7 えきまでの　地図を　かきました。

1 じず　　　2 じり　　　3 ちず　　　4 ちり

N5N4 全真模拟试题

もんだい2 ＿＿＿＿＿の ことばは どう かきますか。1・2・3・4から いちば
ん いい ものを ひとつ えらんで ください。

（れい） この　もんだいを　よんで　ください。

1 諸んで　　　2 続んで　　　3 読んで　　　4 緒んで

（かいとうようし）　| （れい） | ① ② ● ④ |

---

8 父は ゆうがたに かえって きました。

1 夜方　　　　2 夜時　　　　3 夕方　　　　4 夕時

9 しゅうまつは よく えいがを みます。

1 絵画　　　　2 映画　　　　3 絵図　　　　4 映図

10 この かばんは かるいから よく つかいます。

1 固い　　　　2 安い　　　　3 厚い　　　　4 軽い

11 兄は サッカーが とくいです。

1 得意　　　　2 特意　　　　3 得異　　　　4 特異

12 3じに あつまって ください。

1 決まって　　2 集まって　　3 合まって　　4 会まって

もんだい3　（　　　）に なにを いれますか。1・2・3・4から いちばん
　　　　　いい ものを ひとつ えらんで ください。

（れい）　あの　（　　　）を かぶって いる 人が 兄です。

　　　　1 くつした　　2 とけい　　3 ぼうし　　4 めがね

（かいとうようし）　| （れい）　| ① ② ● ④ |

---

13 この かみを きりたいので、（　　　）を かして ください。

1 はがき　　　2 はさみ　　　3 はり　　　4 ひも

14 とうきょうへ 行った とき、えきの ちかくの ホテルに （　　　）。

1 とまりました　2 むかいました　3 つきました　4 つれました

15 しゅうまつは どこにも 行かないで うちで （　　　） やすみました。

1 ちょうど　　2 まったく　　3 ゆっくり　　4 うっかり

16 わからない ことは 先生が （　　　）に 教えて くれます。

1 しんせつ　　2 たいせつ　　3 ゆたか　　4 たしか

17 先週、うちの いぬが 子どもを 5ひき （　　　）。

1 うつしました　2 くばりました　3 だしました　4 うみました

18 （　　　）しないで、たくさん たべて ください。

1 しつれい　　2 えんりょ　　3 へんこう　　4 いらい

19 りょうしんに こんどの しけんの （　　　　） を おしえませんでした。
　　1 ほんね　　　　　2 ほんとう　　　　3 けっか　　　　4 ちょうし

20 洗った シャツに （　　　　） を かけました。
　　1 アイロン　　　　2 カッター　　　　3 ライター　　　　4 モデル

もんだい4 ＿＿＿＿＿の ぶんと だいたい おなじ いみの ぶんが あります。
　　　　　1・2・3・4から いちばん いい ものを ひとつ えらんで くだ
　　　　　さい。

（れい）　ゆうべ ゲームを しました。
　　　　1 おとといの あさ ゲームを しました。
　　　　2 おとといの よる ゲームを しました。
　　　　3 きのうの あさ ゲームを しました。
　　　　4 きのうの よる ゲームを しました。

　　　（かいとうようし）　| （れい） | ① ② ③ ● |

21 すずきさんは よく うんどうを します。
　　1 すずきさんは よく りょこうに いきます。
　　2 すずきさんは よく 本を よみます。
　　3 すずきさんは よく スポーツを します。
　　4 すずきさんは よく りょうりを つくります。

22 もう いちど たしかめて ください。
　　1 もう いちど せつめいして ください。
　　2 もう いちど かくにんして ください。
　　3 もう いちど しょうかいして ください。
　　4 もう いちど せいりして ください。

23 その ことを 聞いて びっくりしました。
　　1 その ことを 聞いて あんしんしました。
　　2 その ことを 聞いて しんぱいしました。
　　3 その ことを 聞いて こまりました。

4　その　ことを　聞いて　おどろきました。

24　もりさんは　よろこんで　いました。

1　もりさんは　かなしそうでした。

2　もりさんは　うれしそうでした。

3　もりさんは　げんきそうでした。

4　もりさんは　ふまんそうでした。

もんだい5　つぎの　ことばの　つかいかたで　いちばん　いい　ものを　1・2・3・
　　　　　4から　ひとつ　えらんで　ください。

（れい）　すてる

　　　　1　つくえの　うえを　すてて　ください。

　　　　2　うそを　つくのは　すてて　ください。

　　　　3　この　袋に　ごみを　すてて　ください。

　　　　4　教科書を　かばんに　すてて　ください。

（かいとうようし）　| （れい） | ① ② ● ④ |

25　こうじ

1　こわれた　パソコンを　こうじに　出しました。

2　いえの　前で　こうじを　して　いるので、うるさいです。

3　きむらさんに　メールを　おくりましたが、まだ　こうじが　来て　いま
せん。

4　おばあさんは　びょうきで　こうじを　うけました。

26　ねっしん

1　きむらさんは　いつも　ねっしんに　あいさつを　します。

2　ゆうべ　あつかったから　ねっしんに　ねむれませんでした。

3　友だちから　ねっしんな　プレゼントを　もらいました。

4　やまださんは　ねっしんに　べんきょうして　います。

27　そだてる

1　この　まちでは　大きな　たいいくかんを　そだてて　います。

2 そぼが そだてた さくらの 木が 大きく なりました。

3 うちは 犬を 2ひき そだてて います。

4 カメラを 買う ために、おかねを そだてて います。

28 わたす

1 ひっこしの とき、トラックで にもつを わたしました。

2 てがみを ふうとうに わたして 出しました。

3 いもうとが 毎日 ねこに えさを わたします。

4 この ノートを すずきさんに わたして ください。

N4 模擬テスト

第4回

言語知識（文法）・読解

（55 ふん）

もんだい1 （　　　　）に 何を 入れますか。1・2・3・4から いちばん い
い ものを 一つ えらんで ください。

（例）　父は 毎朝 新聞 （　　　　）　読みます。

　　　　1　が　　　　　　2　の　　　　　　3　を　　　　　　4　で

（解答用紙）　| （例） | ① ② ● ④ |

1　日本は 私の 国 （　　　　）　違って、山が 多いです。

　　　　1　に　　　　　　2　が　　　　　　3　の　　　　　　4　と

2　足に けがを して、立つ （　　　　）　走る （　　　　）　できない。

　　　　1　のも / のも　　2　のに / のに　　3　とか / とか　　4　にも / にも

3　明日の 遠足は 雨 （　　　　）　ちゅうしに なりました。

　　　　1　で　　　　　　2　は　　　　　　3　から　　　　　　4　も

4　昨日の 面接では 左 がわの 人 （　　　　）　順番に 自己紹介を し
ました。

　　　　1　が　　　　　　2　から　　　　　　3　を　　　　　　4　だけ

5　友だち （　　　　）　プレゼントは 辞書に しました。

　　　　1　からの　　　　2　ための　　　　3　への　　　　　4　のは

6　昨日、スーパーで ぎゅうにゅうと ジュースを 1本（　　　　）　買いました。

　　　　1　ずつ　　　　　2　しか　　　　　3　ほど　　　　　4　ごろ

7　部長 「山田くん、明日の 会議 （　　　　）、企画書は できたの？」
　山田 「はい、できました。メールで 送ります。」

　　　　1　なのに　　　　2　なんだけど　　3　だったら　　　4　なんだと

8　あそこで （　　　　）　遊んで いる 二人は、エミちゃんと トモちゃ
んです。

　　　　1　楽しい　　　　2　楽しかった　　3　楽しそうに　　4　楽しいように

9　西田「木村さんは 毎朝 運動を しますか。」
　木村「はい、朝 （　　　　）　30分ぐらい ジョギングを します。」

　　　　1　起きる 前に　　2　起きても　　　3　起きてから　　4　起きる とき

10　この レストランで （　　　　）　おいしい ものは ピザです。

　　　　1　だんだん　　　　2　もっとも　　　3　まったく　　　4　だいたい

11 （レストランで）

A「あっ、スプーンが　落ちました。」

B「だいじょうぶですよ。店員さんに　もう　1本　（　　　　）。」

1　くれましょう　　　　　　　　2　もらいましょう

3　くれても　いいです　　　　　4　もらって　います

12 課長「松本さん、来週の　出張ですが、ホテルは　予約しましたか。」

松本「はい、もう　予約して　（　　　　）。」

1　行きます　　　2　あります　　　3　来ます　　　　4　あげます

13 A「さっき、先生に　怒られましたね。」

B「ええ、今朝　ねぼうを　して　出かけるのが　遅くなって、授業に

（　　　　）。」

1　遅刻したんです　　　　　　　2　遅刻するからです

3　遅刻したことです　　　　　　4　遅刻したそうです

もんだい2　＿★＿に　入る　ものは　どれですか。1・2・3・4から　いちばん
　　　　　いい　ものを　一つ　えらんで　ください。

（問題例）

引き出しの　＿＿＿　＿＿＿　＿★＿　＿＿＿　あります。

1　が　　　　　　2　に　　　　　3　中　　　　4　ペン

（答え方）

1. 正しい　文を　作ります。

引き出しの	＿＿＿＿	＿＿＿＿	＿★＿＿	＿＿＿＿	あります。
	3　中	2　に	4　ペン	1　が	

2. ＿★＿に　入る　番号を　黒く　塗ります。

（解答用紙）　　（例）　　① ② ③ ●

14 来週の ボランティア活動に ＿＿＿ ★ ＿＿＿ ＿＿＿ います。

1 か　　　　　　　2 参加する　　　3 迷って　　　4 しないか

15 私は ピアノを ＿＿＿ ＿＿＿ ★ ＿＿＿ みたいです。

1 ことが ない　2 習って　　　　3 から　　　　4 習った

16 会社を 出たら、携帯電話を 忘れて ＿＿＿ ★ ＿＿＿ ＿＿＿ 戻りました。

1 来た　　　　　　2 気づいて　　　3 取りに　　　4 ことに

17 この お店の 餃子は、＿＿＿ ＿＿＿ ★ ＿＿＿ おいしいです。

1 食べても　　　　2 ほど　　　　　3 おどろく　　4 何度

もんだい3 18 から 21 に 何を 入れますか。文章の 意味を 考えて、1・2・3・4から いちばん いい ものを 一つ えらんで ください。

下の 文章は、留学生の 作文です。

私の 好きな 時間

マーセル・コレット

　私の 好きな 時間は 土曜日の 朝です。平日は 勉強で つかれますので、土曜日の 朝 18 ゆっくり 休みたいと 思って いる 人が 多いでしょう。でも、私は 休日を 寝て 過ごす 19 もったいないと 思います。

　私は 土曜日の 朝、いつものように 7時に 起きます。歯を 磨いて 顔を 洗います。それから、朝ご飯を 20 出かけます。寮の 近くに ある 公園で ジョギングを します。休日の 朝の 公園は とても 静かで 気持ちが いいです。ジョギングの あと、寮に 帰って 朝ご飯を 食べながら、テレビで ニュースを 見ます。それから、図書館に 行って、友だちの 吉村さんと いっしょに 勉強を します。吉村さんは、よく 私に 日本語を 21 、とても 親切な 人です。

　土曜日の 朝は とても 楽しい 時間です。

18

1 ばかり　　　　2 ぐらいは　　　3 しかは　　　4 よりも

19

　　1　によって　　　2　のに　　　　3　に対して　　　4　のは

20

　　1　食べて　　　　2　食べながら　　3　食べないで　　4　食べるように

21

　　1　教えて　くれて　　　　　　　2　教えて　もらって

　　3　教えて　あげて　　　　　　　4　教えて　あって

もんだい4　つぎの（1）から（3）の文章を読んで、質問に答えてください。答えは、
　　　　　1・2・3・4から、いちばんいいものを一つえらんでください。

（1）

　これは、シャーロットさんがクラスメートのカビーアさんからもらったメールです。

シャーロットさん

こんにちは。

先週の土曜日にみんなで遠足に行って、とても楽しかったです。シャーロット
さんは、写真をたくさんとりましたね。

キムさんが来月帰国しますから、アルバムを作って送りたいと思います。です
から、土曜日の写真をアルバムに入れたいです。よかったら、今日の22時まで
にメールで送ってください。

できたアルバムを明日大学に持って行きますから、昼休みにいっしょに見ましょう。

カビーア

22　このメールを読んで、シャーロットさんは何をしなければなりませんか。

　　1　今晩10時までに、キムさんにメールで連絡します。

　　2　今晩10時までに、写真をカビーアさんにメールで送ります。

　　3　アルバムに写真を入れて、明日大学に持って行きます。

　　4　明日の昼休みに、写真をカビーアさんに見せます。

(2)

　ある調査会社の人が日本の空港で、外国人の観光客 500 人に「なぜ日本に来ましたか。」と聞きました。

　一番多かった理由は「自然のけしきを見たい。」で、つぎは「日本料理を食べたい。」でした。三番目は「日本の歴史・伝統文化を体験したい。」で、「買い物をしたい。」は一番少なくて、67 人でした。

| 23 | 日本に来る理由について、どんなことがわかりましたか。 |

　　1　日本の食べ物を食べたいという人が一番多い。
　　2　日本で自然を楽しみたいという人が二番目に多い。
　　3　日本の歴史や文化を楽しみたいという人が一番少ない。
　　4　日本でショッピングをしたいと答えた人は 67 人だった。

(3)

　このお知らせが、会社の入り口にはってあります。

トイレの工事のお知らせ

　5 月 15 日（月）と 16 日（火）にトイレの工事を行うことになりました。工事中のトイレは利用できません。15 日は男子トイレ、16 日は女子トイレの工事を行います。

　1 階のトイレはいつでも使えます。よろしくお願いします。

総務部

| 24 | 5 月 16 日に使えないのはどれですか。 |

　　1　男子トイレ　　　　　　　　　　　2　男子トイレと 1 階のトイレ
　　3　女子トイレ　　　　　　　　　　　4　女子トイレと 1 階のトイレ

もんだい5 つぎの文章を読んで、質問に答えてください。答えは、1・2・3・4から、いちばんいいものを一つえらんでください。

　5歳になる私の娘は紙を折るのが大好きです。幼稚園で先生に折り紙を教えてもらったり、折り紙の本を読んで折ったりします。でも、私は折り紙が上手ではないので、娘と一緒に折ったことはありません。だから、娘はいつも一人で紙を折っています。

　先週、母がうちに来たとき、娘と折り紙を折って遊んでくれました。母と二人で遊んでいる娘は、いつもよりずっと楽しそうでした。私も娘と一緒に折り紙を折ってあげたほうがいいかもしれないと思うようになりました。

　おととい、市役所の掲示板で「子どもの折り紙交流会」の案内を見ました。「子どもの折り紙交流会」は、町の子どもたちに折り紙を教えるイベントです。親も一緒に参加することができます。コロナ禍で外で遊ぶ時間が減って、心にストレスや悩みを抱いている子どもが多くなったようです。元気を出してもらうために、子どもたちを集めて、「子どもの折り紙交流会」を行うことになったそうです。案内の中に折り紙の写真がありました。簡単に折ったものでしたが、かわいいと思いました。

　折り紙の交流会なら、私にもできるかもしれないと思って、昨日、娘をつれて参加してみました。私はさると花、娘は木とくまを作りました。そして、作ったものを組み合わせると、動物園ができました。思ったより簡単でした。一枚の紙をさまざまな形に変えるのは楽しかったです。これからもそれを続けたいと思います。娘はきっとよろこんでくれるでしょう。

25 娘は折り紙を折るとき、いつもどうしていましたか。

1　一人で折っていました。

2　母と二人で折っていました。

3　「私」と二人で折っていました。

4　「私」と母と三人で折っていました。

26 「子どもの折り紙交流会」を行う目的はどれですか。

1　子どもたちを外で遊ばせるため

2　家族と一緒にいる時間を増やすため

3　親のストレスや悩みを聞くため

4　子どもたちに元気になってもらうため

27 娘はきっとよろこんでくれるでしょうとありますが、どうして「私」は娘がよろこぶと思っていますか。

1 「私」の折り紙が上手になったから

2 「私」が素敵な動物園を作ったから

3 これからは「私」が娘と折り紙を続けるから

4 これからは「私」が娘に折り紙を教えるから

もんだい6 次のページを見て、下の質問に答えてください。答えは、1・2・3・4から、いちばんいいものを一つえらんでください。

28 リーさんは、火曜日に市民体育館でクラスメート25人で遊びたいです。バスケットボールかダンスができるところがいいです。リーさんはどの体育室を選びますか。

1 A   2 B   3 C   4 D

29 マリアさんは、市民体育館の第3体育室を予約しました。来週土曜日の午後4時から7時までです。マリアさんはいくら払いますか。

1 3,500円   2 4,000円   3 5,500円   4 7,000円

市民体育館に来たい方へ

市民体育館の体育室と料金について

＜体育室について＞

A　第1体育室 ・利用用途：バレーボール、体操 ・人　　数：20人まで ※毎週月曜日は使えません。	B　第2体育室 ・利用用途：卓球、バスケットボール ・人　　数：35人まで ※毎週水曜日は使えません。
C　第3体育室 ・利用用途：卓球、体操、ダンス ・人　　数：15人まで ※毎週木曜日は使えません。	D　第4体育室 ・利用用途：ダンス、バスケットボール ・人　　数：40人まで ※毎週火曜日は使えません。

＜基本料金について＞

	平日 （8：00～23：00）	土曜・日曜・祝日 （7：00～22：00）
A　第1体育室 C　第3体育室	8時～12時：　800円/1時間 12時～18時：1,500円/1時間 18時～23時：1,000円/1時間	7時～12時：　800円/1時間 12時～18時：2,000円/1時間 18時～22時：1,500円/1時間
B　第2体育室 D　第4体育室	8時～12時：2,000円/1時間 12時～18時：3,000円/1時間 18時～23時：2,500円/1時間	7時～12時：2,500円/1時間 12時～18時：3,500円/1時間 18時～22時：3,000円/1時間

鶴原市民体育館

鶴原市中野町 2-4

電話：07-4152-7893

N4 模擬テスト

<ruby>第<rt>だい</rt></ruby>4<ruby>回<rt>かい</rt></ruby>

<ruby>聴解<rt>ちょうかい</rt></ruby>

（35 ふん）

もんだい1

　もんだい1では、まず　しつもんを　聞いて　ください。それから　話を　聞いて、もんだいようしの　1から4の　中から、いちばん　いい　ものを　一つ　えらんで　ください。

1ばん

1　11日　9時45分
2　11日　9時30分
3　12日　9時45分
4　12日　9時30分

2ばん

3 ばん

4 ばん

1 4 こ

2 5 こ

3 6 こ

4 7 こ

5 ばん

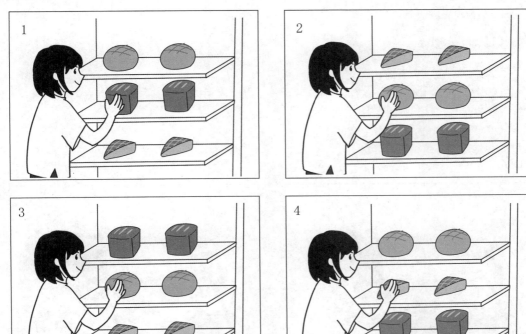

6 ばん

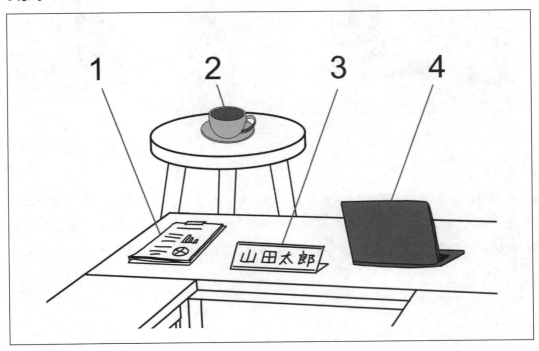

7ばん

1 びょういん行き

2 としょかん行き

3 えきまえ行き

4 たいいくかん行き

8ばん

もんだい2

　もんだい2では、まず　しつもんを　聞いてください。そのあと、もんだいよう
しを　見て　ください。読む　時間が　あります。それから　話を　聞いて、も
んだいようしの　1から4の　中から、いちばん　いい　ものを　一つ　えらんで
ください。

1 ばん

1　カレーが　すきじゃないから

2　ぐあいが　わるいから

3　あさごはんが　おそかったから

4　テストが　しんぱいだから

2 ばん

1　まちがいが　おおかったこと

2　じが　きたなかったこと

3　だすのが　おそかったこと

4　かんじが　書けなかったこと

3 ばん

1　国の　たべものを　しょうかいする

2　国の　しゅうかんを　しょうかいする

3　たべものの　しゃしんを　じゅんびする

4　こどもたちと　しゃしんを　とる

4 ばん

1　2時間　　　　　2　4時間　　　　　3　6時間　　　　　4　8時間

5 ばん

1　じゅぎょうの　時間を　まちがえたから

2　じてんしゃが　こわれたから

3　みちが　こんで　いたから

4　けいたいでんわを　とりに　かえったから

6 ばん

1　350 円　　　　　　2　450 円　　　　　　3　600 円　　　　　　4　700 円

7 ばん

1　にほんりょうりを　つくること

2　くにの　りょうりを　おしえること

3　にほんの　ダンスを　れんしゅうすること

4　くにの　ダンスを　おしえること

もんだい3

　もんだい3では、えを　見ながら　しつもんを　聞いて　ください。➡（やじるし）の　人は　何と　言いますか。1から3の　中から、いちばん　いい　ものを　一つ　えらんで　ください。

1 ばん

2 ばん

3 ばん

4ばん

5ばん

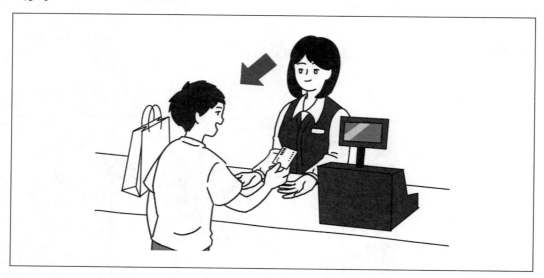

もんだい4

　　もんだい4では、えなどが　ありません。まず　ぶんを　聞いて　ください。それから、その へんじを　聞いて、1から3の　中から、いちばん　いい　ものを一つ　えらんで　ください。

ー メモ ー

N4 模擬テスト

<ruby>第<rt>だい</rt></ruby>5<ruby>回<rt>かい</rt></ruby>

げんごちしき（もじ・ごい）

（25 ふん）

もんだい1 ＿＿＿＿の ことばは ひらがなで どう かきますか。1・2・3・4 から いちばん いい ものを ひとつ えらんで ください。

（れい） これは 2個で 千円です。
1 せいえん　　2 せいねん　　3 せんねん　　4 せんえん

（かいとうようし）　（れい）　① ② ③ ●

1 えきの 階段で ころびました。
1 かいたん　　2 かいだん　　3 こうたん　　4 こうだん

2 この 料理は 味が へんです。
1 あじ　　2 しお　　3 あぶら　　4 こおり

3 毎日 じゅぎょうの 復習を します。
1 よしゅう　　2 ようしゅ　　3 ふくしゅう　　4 ふくしゅ

4 きのうの パーティーは 楽しかったです。
1 したしかった　2 やさしかった　3 たのしかった　4 うれしかった

5 ほんだなには 本が たくさん 並んで います。
1 ならんで　　2 えらんで　　3 あそんで　　4 むすんで

6 りゅうがくの ことは よく 考えて ください。
1 かんがえて　　2 きこえて　　3 ふえて　　4 みえて

7 すずきさんと しょくじの 約束を しました。
1 よてい　　2 よでい　　3 やくそく　　4 やくぞく

もんだい2 ＿＿＿＿の ことばは どう かきますか。1・2・3・4から いちばん いい ものを ひとつ えらんで ください。

（れい） この もんだいを よんで ください。
1 諸んで　　2 続んで　　3 読んで　　4 緒んで

（かいとうようし）　（れい）　① ② ● ④

8 <u>あまい</u> ものが すきです。

    1 暖い   2 冷い   3 辛い   4 甘い

9 おとうとは <u>やさい</u>が きらいです。

    1 果菜   2 野菜   3 理菓   4 課菓

10 まいあさ 30ぷん <u>はしって</u> います。

    1 歩って   2 通って   3 走って   4 足って

11 大雨で うんどうかいは <u>ちゅうし</u>に なりました。

    1 中止   2 注意   3 中意   4 注止

12 この ボタンを <u>おす</u>と、電気が つきます。

    1 伸す   2 圧す   3 指す   4 押す

もんだい3 （　　　　）に なにを いれますか。1・2・3・4から いちばん
　　　　　　いい ものを ひとつ えらんで ください。

（れい）　あの　（　　　　）を　かぶって　いる　人が　兄です。

    1　くつした　　2　とけい　　3　ぼうし　　4　めがね

（かいとうようし）　| （れい） | ① ② ● ④ |

13 （　　　　）が いたくて 水を のむことも できません。

    1 あし   2 つめ   3 のど   4 ひげ

14 車を 買う ために、毎月 3万円ずつ （　　　　）して います。

    1 かんせい   2 じつげん   3 りょうがえ   4 ちょきん

15 にほんに 来て 5か月が すぎましたが、りゅうがくせいかつには
　　　（　　　　）。

    1 かちましたか   2 なれましたか

    3 きまりましたか   4 はいりましたか

16 きのう すきな かしゅの （　　　　）に 行きました。

    1 コンサート   2 アンケート   3 エネルギー   4 アイディア

17 友だちが うちに あそびに 来るので、へやを （　　　　）。

    1 かりました   2 たずねました

3　たてました　　　　　　　　　　4　かたづけました

[18] こちらの　本や　ざっしは　だれでも　（　　　　）に　よめます。

1　きゅう　　　　　2　りっぱ　　　　　3　ざんねん　　　　4　じゆう

[19] 今の　しごとで　いろいろな　（　　　　）が　できました。

1　しどう　　　　　2　けいけん　　　　3　かいけつ　　　　4　がくしゅう

[20] コンビニで　（　　　　）を　多く　もらった　ことが　あります。

1　あたり　　　　　2　ひかり　　　　　3　おつり　　　　　4　おかわり

もんだい4　＿＿＿＿＿の　ぶんと　だいたい　おなじ　いみの　ぶんが　あります。1・2・3・4から　いちばん　いい　ものを　ひとつ　えらんで　ください。

（れい）　ゆうべ　ゲームを　しました。

1　おとといの　あさ　ゲームを　しました。

2　おとといの　よる　ゲームを　しました。

3　きのうの　あさ　ゲームを　しました。

4　きのうの　よる　ゲームを　しました。

（かいとうようし）

（れい）	① ② ③ ●

---

[21] この　スープは　ぬるいです。

1　この　スープは　あついです。

2　この　スープは　あつくないです。

3　この　スープは　おいしいです。

4　この　スープは　おいしくないです。

[22] しけんに　おちました。

1　しけんに　ごうかくしました。

2　しけんに　ごうかくしませんでした。

3　しけんに　さんかしました。

4　しけんに　さんかしませんでした。

[23] この　国は　くるまを　ゆしゅつして　います。

1　この　国は　くるまを　ほかの　国から　もらって　います。

2　この　国は　くるまを　ほかの　国から　かって　います。

3　この　国は　くるまを　ほかの　国に　あげて　います。

4　この　国は　くるまを　ほかの　国に　うって　います。

24　たなかさんに　おれいを　言いました。

1　たなかさんに　「すみません」と　言いました。

2　たなかさんに　「おめでとう」と　言いました。

3　たなかさんに　「ありがとう」と　言いました。

4　たなかさんに　「さようなら」と　言いました。

もんだい5　つぎの　ことばの　つかいかたで　いちばん　いい　ものを　1・2・3・
4から　ひとつ　えらんで　ください。

（れい）　すてる

1　つくえの　うえを　すてて　ください。

2　うそを　つくのは　すてて　ください。

3　この　袋に　ごみを　すてて　ください。

4　教科書を　かばんに　すてて　ください。

（かいとうようし）　（れい）　① ② ● ④

25　るす

1　かちょうは　今　がいしゅつちゅうで　会社に　るすです。

2　もりさんの　いえに　行きましたが、るすでした。

3　けさの　でんしゃは　こんで　いて　るすの　せきが　ありませでした。

4　先週　かぜを　ひいたので　学校を　るすに　しました。

26　れんらく

1　ネットで　ひこうきの　チケットを　れんらくしました。

2　テストの　時間を　やまださんに　れんらくしました。

3　大学の　としょかんは　よる　9じまで　れんらくできます。

4　きむらさんを　えいがに　れんらくしました。

[27] ていねい

1 こうつうが <u>ていねいな</u> ところに ひっこしたいです。

2 スーパーで <u>ていねいな</u> やさいを たくさん 買いました。

3 おきゃくさまと 話す とき、<u>ていねいな</u> ことばを つかって ください。

4 たかはしさんは 今日 <u>ていねいな</u> ワンピースを 着て います。

[28] なおる

1 ごごに なると、雨が やんで 天気が <u>なおりました</u>。

2 わたしの まちは この 10年間 大きく <u>なおりました</u>。

3 くすりを のんだら かぜが <u>なおりました</u>。

4 かいぎは まだ <u>なおって</u> いません。

N4 模擬テスト

第5回
<ruby>第<rt>だい</rt></ruby> 5 <ruby>回<rt>かい</rt></ruby>

言語知識（文法）・読解
<ruby>言語知識<rt>げんごちしき</rt></ruby>（<ruby>文法<rt>ぶんぽう</rt></ruby>）・<ruby>読解<rt>どっかい</rt></ruby>

（55 ふん）

もんだい1 （　　　　）に 何を 入れますか。1・2・3・4から いちばん い
い ものを 一つ えらんで ください。

（例）　父は　毎朝　新聞（　　　　）　読みます。

　　　　1　が　　　　　　2　の　　　　　　3　を　　　　　　4　で

（解答用紙）　　（例）　　① ② ● ④

1　大学の　図書館で　レポート（　　　　）　使う　しりょうを　探しました。

　　1　に　　　　　　　2　を　　　　　　3　が　　　　　　4　の

2　（靴売り場で）

　　客「すみません、この　靴と　同じ　大きさ（　　　　）、白いのは　あ
　　　りませんか。」

　　店員「はい、少々　お待ちください。」

　　1　は　　　　　　　2　と　　　　　　3　で　　　　　　4　に

3　子どもが　宿題を　して　いる　（　　　　）、晩ご飯を　作りました。

　　1　間に　　　　　　2　ために　　　　3　後で　　　　　4　たびに

4　昨日の　パーティーには　友だちが　ひとり（　　　　）　来ませんでした。

　　1　より　　　　　　2　ばかり　　　　3　まで　　　　　4　しか

5　先輩に　聞きたい　ことを　メールに　（　　　　）　送りました。

　　1　書く　　　　　　2　書いて　　　　3　書きます　　　4　書いた

6　彼女への　誕生日プレゼントを　買うのを　（　　　　）　忘れて　しまった。

　　1　すっかり　　　　2　はっきり　　　3　もっとも　　　4　ゆっくり

7　A「すみません、図書館に　行きたいんですが、（　　　　）　行けば　い
　　　いですか。」

　　B「この　さきの　交差点を　右に　曲がると　すぐ　見えます。」

　　1　どういう　　　　2　どんな　　　　3　どうして　　　4　どう

8　5歳の　息子が　水泳を　習いたいと　言うので、今月から　水泳教室に
　　（　　　　）　ことに　しました。

　　1　通わない　　　　2　通った　　　　3　通われる　　　4　通わせる

9　親の　立場から　言うと、子どもは　（　　　　）に　なっても　子どもです。

　　1　なに　　　　　　2　いくつ　　　　3　いくら　　　　4　だれ

10 壁に 飾って （　　　） 写真は、田中さんの 家族写真です。

1 しまう　　　　2 みる　　　　3 ある　　　　4 おく

11 テレビで いすに （　　　） できる 体操を しょうかいして います。

1 座るために　　2 座ったまま　　3 座ったほうが　　4 座ると

12 A「鈴木さんは 遅いですね。」

B「ええ。でも、すぐ （　　　）。」

1 来るでしょう　　　　　　　2 来たかもしれません

3 来て いません　　　　　　4 来る つもりです

13 渡辺「吉田さん、来週の 研究会の ことですが、受付を （　　　）。」

吉田「はい、わかりました。任せて ください。」

1 やって もらいませんか　　　　2 やっても いいですか

3 やったことが ありますか　　　4 やって くれませんか

もんだい2 ＿★＿に 入る ものは どれですか。1・2・3・4から いちばん いい ものを 一つ えらんで ください。

（問題例）

引き出しの ＿＿＿ ＿＿＿ ＿★＿ ＿＿＿ あります。

1 が　　　　2 に　　　　3 中　　　　4 ペン

（答え方）

1. 正しい 文を 作ります。

引き出しの ＿＿＿＿ ＿＿＿＿ ＿★＿ ＿＿＿＿ あります。

　　　　　　3 中　　2 に　　4 ペン　　1 が

2. ＿★＿に 入る 番号を 黒く 塗ります。

（解答用紙）　（例）　① ② ③ ●

14 日本に 来て、以前 ＿＿＿ ＿＿＿ ★ ＿＿＿ なりました。

1 食べられる　　　　　　　　　2 食べられなかった

3 ように　　　　　　　　　　　4 刺身が

15 A「昨日、散歩 ＿＿＿ ＿＿＿ ★ ＿＿＿ 本屋の 名前を 覚え

て いますか。」

B「たしか 『三洋堂』でしたね。」

1 の　　　　　2 よった　　　　　3 とちゅうで　　　4 あの

16 娘は 私が 帰って ＿＿＿ ★ ＿＿＿ ＿＿＿ ようで、目が

真っ赤でした。

1 いた　　　　　2 まで　　　　　3 泣いて　　　　4 来る

17 昨日、家に 帰る ＿＿＿ ＿＿＿ ★ ＿＿＿ のが 遅く なって

行けなかった。

1 会社を 出る　　　　　　　　2 スーパーに 行きたかった

3 前に　　　　　　　　　　　　4 のに

もんだい3 18 から 21 に 何を 入れますか。文章の 意味を 考えて、1・
2・3・4から いちばん いい ものを 一つ えらんで ください。

下の 文章は、留学生の 作文です。

ともちゃん

グエン・コン・ハイ

　先週の 土曜日に、友だちの 木村さんは 妹さんと 一緒に、私 18 住んで いる 学生寮に 遊びに 来ました。木村さんの 妹さんは 「とも」という 名前なので、みんな 「ともちゃん」と 呼んで いました。

　私は 木村さんと ともちゃんに 寮を 19 。1階の 集会室で しばらく 卓球を しました。ともちゃんは 卓球が 初めてでしたが、覚える のが 早かったです。おどろきました。

　ともちゃんは 私の 国に きょうみを もって いるようです。私が 国の ことを 話して いる とき、ともちゃんは まじめに 聞いて くれました。20 、いつか 私の 国に 行きたいと 言って くれました。とても うれしかったです。自分の 国の ことを もっと 多くの 人に 21 。

18

　　1　に　　　　　　2　で　　　　　　3　と　　　　　　4　が

19

　　1　案内させました　　　　　　　　2　案内しました
　　3　案内したいと　思います　　　　4　案内して　います

20

　　1　そして　　　　　2　そこで　　　　　3　しかし　　　　　4　まだ

21

　　1　知って　います　　　　　　　　2　知りたく　なりました
　　3　知って　もらいたいです　　　　4　知りたくなかったです

もんだい4　つぎの（1）から（3）の文章を読んで、質問に答えてください。答えは、
　　　　　　1・2・3・4から、いちばんいいものを一つえらんでください。

（1）

　疲れたときは、私の友だちは一人で料理を作るそうです。料理を作ることに集中すると、疲れがとれると言っています。でも、私は布団に入って、ぐっすり眠ります。料理を作っているときに、「何から始めたらいいか。」「今野菜を入れていいかな。」など、いろいろ考えなければなりません。このように、疲れがより強く感じられますから、料理は作りません。

22　「私」は疲れたとき、どうしますか。
　　1　友だちと話をします。
　　2　布団に入って、寝ます。
　　3　友だちと話しながら、料理を作ります。
　　4　料理を作りながら、いろいろ考えます。

（2）

松本さんは友だちのゴーさんからメールをもらいました。

松本さん

こんにちは。

家族旅行で日本へ1週間ぐらい行くことになりました。

まず、東京に2日間いて、それから、京都と大阪に行きます。

東京にいるときは、東池袋ホテルに泊まります。

よかったら、池袋で会って、いっしょに食事をしませんか。

都合がよいか悪いか教えてください。

ゴー

---

23 松本さんはゴーさんに返事を書きたいと思っていますが、こまっています。
　　どうしてですか。

　　1　ゴーさんがいつ東京に来るかわからないから

　　2　ゴーさんがなぜ東京に来るのかわからないから

　　3　ゴーさんが東京のどこに泊まるかわからないから

　　4　ゴーさんと会ったら、何をするかわからないから

(3)

王さんが午後、会社に戻ったとき、机の上にこのメモが置いてありました。

王さん

　井口さんから電話がありました。部長と井口さんが明日から出張なので、金曜日の会議は来週の火曜日に変わったそうです。青森工場のことについても少し聞きたいことがあるそうです。会社に戻ったら、すぐに井口さんに連絡してください。

　よろしくお願いします。

6月16日　11：35

吉村

---

24 このメモを読んで、王さんは何をしなければなりませんか。

1　部長に出張に行くかどうか確認します。

2　部長に会議の時間が変わった理由を聞きます。

3　青森工場のことについて、井口さんに連絡します。

4　青森工場に行って、部長と井口さんと会議をします。

もんだい5　つぎの文章を読んで、質問に答えてください。答えは、1・2・3・4か
　　　　　ら、いちばんいいものを一つえらんでください。

　私は、今まであたり前に学校に通い、友だちや家族とたくさんのことをして、過
ごしてきました。もちろん、毎日のように学校に行くのが嫌で母に休みたいなどと
言ったこともありました。

　去年、コロナで学校が休みになりました。初めのうちは、学校に行かないで家でゆっ
くり休めるのがうれしいという気持ちばかりでした。毎日ゲームがたくさんできて、
幸せだと思っていました。しかし、だんだん時間が過ぎていくうちに、学校に行っ
て友だちとしゃべりたい、友だちや家族みんなで一緒に外でご飯を食べたい、と思
うようになりました。いつ前みたいな生活に戻って、楽しく生活を送ることができ
るのか、①不安になっていました。

　そして、やっと学校がまた始まりました。いつものようにみんなで授業を受けて、
ご飯も友だちとしゃべりながら食べられるのかと楽しみにしていました。しかし、
学校へ行くと友だちとは2メートル以上も距離をとらなくてはいけません。暑いの
にマスクをして授業を受けたり、給食を静かに食べたりして、今までとはまった
く違うことに②おどろきました。

　今まであたり前だったことはあたり前ではなくて、とても幸せなことだったのだ
と気づくことができました。これから、今あたり前のように幸せに生きていられる
ことを大切にしたいです。

25　どうして①不安になっていましたか。

1　コロナで学校が休みになったから

2　毎日ゲームをするのはよくないと思っているから

3　前のような生活に戻って、楽しく生活をしたいから

　　4　友だちとしゃべったり、ご飯を食べたりしたくないから

26　②おどろきましたとありますが、どんなことにおどろきましたか。

　　1　暑いのにマスクをして授業を受けること

　　2　学校へ行くと友だちと仲が悪くなったこと

　　3　みんなで授業を受けることができなくなったこと

　　4　学校生活がまた始まっても、今までとまったく違ったこと

27　今まであたり前だったことについて、「私」はどう思っていますか。

　　1　それはつまらなくて、違う生活をしたいです。

　　2　それはたいへんだが、今の生活より幸せです。

　　3　それはあたり前のことだから、大切にするのは難しいです。

　　4　それはとても幸せなことだから、これからは大切にしたいです。

もんだい6　次のページの「国際交流サークルのお知らせ」を見て、下の質問に答
　　　　　えてください。答えは、1・2・3・4から、いちばんいいものを一つえ
　　　　　らんでください。

28　チャンさんは水曜日のサークルに参加したいと思っています。いくらかかり
ますか。

　　1　1回300円　　　2　1回500円　　　3　1回1,000円　　4　ただ

29　シャーロットさんは、毎日10時から17時まではたらいています。休みは月
曜日と土曜日です。いつもすわって仕事をしているので、運動したいと思っ
ています。シャーロットさんはどのサークルに参加しますか。

　　1　料理　　　　　2　体操　　　　　3　英語　　　　　4　ジョギング

国際交流サークルのお知らせ

長川市にいる外国人のみなさん、いっしょに遊びましょう～

料理を作りましょう	体操をしましょう
・時間：毎週月曜日 15：00 ～ 16：30	・時間：毎週木曜日 10：00 ～ 11：30
・場所：料理教室「あぶり」	・場所：市民体育館
・人数：15 人以内	・人数：40 人以内
・お金：1 回 1,000 円	・お金：1 回 300 円
外国人も日本人も参加できます。 子どもを連れて来てもいいです。	15 歳以上の人。 子どもを連れて来てもいいです。
英語で話しましょう	**ジョギングをしましょう**
・時間：毎週水曜日 14：00 ～ 16：00	・時間：毎週土曜日 9：00 ～ 11：00
・場所：きっさてん「青山」	・場所：長川東公園
・人数：50 人以内	・人数：30 人以内
・お金：1 回 500 円	・お金：むりょう
12 歳以上で、英語がわかる人。 きっさてんで飲み物を飲みながら、話しましょう。	15 歳以上の人。 距離が短いですから、ご安心ください。

参加したい方は、国際交流センターに連絡してください。

長川市役所　国際交流センター

電話：06-4179-1959

N4 模擬テスト

<ruby>第<rt>だい</rt></ruby>5<ruby>回<rt>かい</rt></ruby>

<ruby>聴解<rt>ちょうかい</rt></ruby>

（35 ふん）

もんだい1

　もんだい1では、まず　しつもんを　聞^きいて　ください。それから　話^{はなし}を　聞^きいて、もんだいようしの　1から4の　中^{なか}から、いちばん　いい　ものを　一^{ひと}つ　えらんで　ください。

1ばん

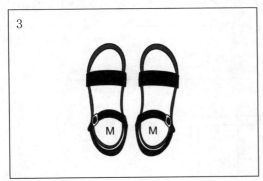

2ばん

1　8こ

2　10こ

3　18こ

4　20こ

3 ばん

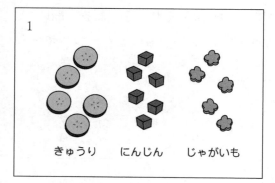

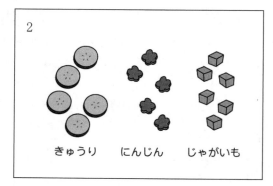

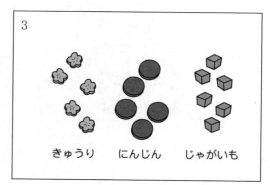

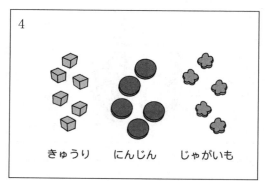

4 ばん

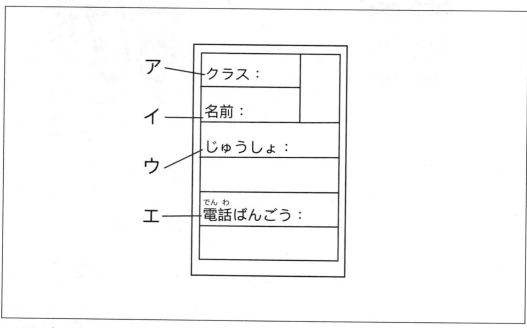

1　ア　イ　エ　　　　2　ア　イ　ウ　　　　3　イ　ウ　　　　4　イ　エ

5 ばん

6 ばん

1 アイ 2 アウ 3 イウ 4 ウエ

7ばん

1　えき

2　デパート

3　ゆうびんきょく

4　かいしゃ

8ばん

1　午前9時から　午後1時まで

2　午前9時から　午後2時まで

3　午後1時から　午後5時まで

4　午後2時から　午後5時まで

もんだい2

　　もんだい2では、まず　しつもんを　聞いてください。そのあと、もんだいよう
しを　見て　ください。読む　時間が　あります。それから　話を　聞いて、も
んだいようしの　1から4の　中から、いちばん　いい　ものを　一つ　えらんで
ください。

1ばん

1　うみを　見たいから

2　たてものの　えを　かきたいから

3　さかなりょうりを　たべたいから

4　およぎたいから

2ばん

1　しょくどう

2　きょうしつ

3　こうえん

4　きっさてん

3 ばん

1 りょこうに 行く

2 うんどうを する

3 ほんを よむ

4 かいものに 行く

4 ばん

1 6 時 40 分

2 6 時 50 分

3 7 時

4 7 時 20 分

5 ばん

1 しゅくだいを して いたから

2 電話を して いたから

3 セーターを つくって いたから

4 おんがくを きいて いたから

6 ばん

1 べんきょうを する

2 カラオケを する

3 えんそくに 行く

4 サッカーの しあいを する

7 ばん

1 木ようびの ひる

2 木ようびの よる

3 金ようびの ひる

4 金ようびの よる

もんだい3

　もんだい3では、えを　見ながら　しつもんを　聞いて　ください。➡（やじるし）
の　人は　何と　言いますか。1から3の　中から、いちばん　いい　ものを　一
つ　えらんで　ください。

1ばん

2ばん

3 ばん

4 ばん

5ばん

もんだい4

　もんだい4では、えなどが　ありません。まず　ぶんを　聞いて　ください。それから、そのへんじを　聞いて、1から3の　中から、いちばん　いい　ものを一つ　えらんで　ください。

― メモ ―

N4 模擬テスト

<ruby>第<rt>だい</rt></ruby>6<ruby>回<rt>かい</rt></ruby>

げんごちしき （もじ・ごい）

（25 ふん）

もんだい1 ＿＿＿＿の ことばは ひらがなで どう かきますか。1・2・3・4
から いちばん いい ものを ひとつ えらんで ください。

（れい） これは 2個で 千円です。

1 せいえん　　2 せいねん　　3 せんねん　　4 せんえん

（かいとうようし）　（れい）　① ② ③ ●

---

1 ごご 用事が あります。

1 ようじ　　　　2 よじ　　　　3 ようごと　　　4 よごと

2 いえの 前に 車を 止めます。

1 ためます　　2 はめます　　3 つめます　　4 とめます

3 まいばん 3時間くらい 勉強します。

1 けんきゅう　2 けんきょう　3 べんきゅう　4 べんきょう

4 わたしの すんで いる 村は きれいです。

1 むら　　　　2 まち　　　　3 く　　　　　4 し

5 ひるごはんの あと、眠く なりました。

1 せまく　　　2 ほそく　　　3 だるく　　　4 ねむく

6 みちで さいふを 拾いました。

1 ひろいました　　　　　　　2 はらいました
3 いわいました　　　　　　　4 さそいました

7 あしたの 営業は 5じまでです。

1 じゅぎょう　2 えいぎょう　3 じゅきょう　4 えいきょう

もんだい2 ＿＿＿＿の ことばは どう かきますか。1・2・3・4から いちば
ん いい ものを ひとつ えらんで ください。

（れい） この もんだいを よんで ください。

1 諸んで　　2 続んで　　3 読んで　　4 緒んで

（かいとうようし）　（れい）　① ② ● ④

---

8 毎日 8時間 <u>はたらいて</u> います。

   1 動いて   2 勤いて   3 働いて   4 作いて

9 やまださんは <u>すなおな</u> 人です。

   1 熱心   2 熱直   3 素心   4 素直

10 <u>やねが</u> こわれました。

   1 家上   2 家根   3 屋上   4 屋根

11 しゅくだいは ぜんぶ <u>おわりました</u>。

   1 終わりました   2 無わりました

   3 後わりました   4 完わりました

12 わたしは 車の <u>うんてん</u>が できません。

   1 運動   2 運転   3 移動   4 移転

もんだい3 （　　　　）に なにを いれますか。1・2・3・4から いちばん いい ものを ひとつ えらんで ください。

（れい）　あの　（　　　　）を　かぶって　いる　人が　兄です。

    1 くつした   2 とけい   3 ぼうし   4 めがね

（かいとうようし）　| （れい） | ① ② ● ④ |

---

13 よく テレビで サッカーの （　　　　）を 見ます。

   1 しんぶん   2 じょうほう   3 しあい   4 れんしゅう

14 さくぶんに まちがいが ないか なんかいも （　　　　）しました。

   1 スタート   2 チェック   3 コピー   4 セット

15 ふるさとからの にもつは 今日 （　　　　）。

   1 あたりました   2 つづきました

   3 よりました   4 とどきました

16 ひとりで りょこうに 行くのは ちょっと （　　　　）です。

   1 さびしい   2 ただしい   3 くわしい   4 おとなしい

17 たんじょうびに そふに もらった カメラを （　　　　）ので、かなしかったです。

1 けした   2 なおした   3 なくした   4 やめた

18 東京から 大阪までの ひこうきの （   ） の チケットを 買いました。

    1 かいてん   2 おうふく   3 つうこう   4 おうだん

19 くるまが （   ） したので、さいきん バスで 会社に 行って います。

    1 こしょう   2 しっぱい   3 じゅうたい   4 けっせき

20 切手を ふうとうに はりますから、（   ） を 使っても いいですか。

    1 ふくろ   2 てがみ   3 のり   4 えだ

もんだい4 ＿＿＿＿＿の ぶんと だいたい おなじ いみの ぶんが あります。1・2・3・4から いちばん いい ものを ひとつ えらんで ください。

（れい） ゆうべ ゲームを しました。

    1 おとといの あさ ゲームを しました。

    2 おとといの よる ゲームを しました。

    3 きのうの あさ ゲームを しました。

    4 きのうの よる ゲームを しました。

（かいとうようし） | （れい） | ① ② ③ ● |

21 パーティーを たのしみに して います。

    1 パーティーを けいかくして います。

    2 パーティーを きたいして います。

    3 パーティーの ばしょを がんがえて います。

    4 パーティーの じゅんびを して います。

22 すずきさんは ダンスが うまいです。

    1 すずきさんは ダンスが じょうずです。

    2 すずきさんは ダンスが へたです。

    3 すずきさんは ダンスが すきです。

　　　4　すずきさんは　ダンスが　きらいです。

[23]　きょうの　デパートは　すいて　います。

　　　1　きょうの　デパートは　しなものが　多いです。

　　　2　きょうの　デパートは　しなものが　少ないです。

　　　3　きょうの　デパートは　おきゃくさんが　多いです。

　　　4　きょうの　デパートは　おきゃくさんが　少ないです。

[24]　もりさんは　やまださんに　ギターを　おそわりました。

　　　1　やまださんは　もりさんに　ギターを　ならいました。

　　　2　もりさんは　やまださんに　ギターを　もらいました。

　　　3　もりさんは　やまださんに　ギターを　ならいました。

　　　4　やまださんは　もりさんに　ギターを　もらいました。

もんだい5　つぎの　ことばの　つかいかたで　いちばん　いい　ものを　1・2・3・
　　　　　　4から　ひとつ　えらんで　ください。

　（れい）　すてる

　　　　　1　つくえの　うえを　すてて　ください。

　　　　　2　うそを　つくのは　すてて　ください。

　　　　　3　この　袋に　ごみを　すてて　ください。

　　　　　4　教科書を　かばんに　すてて　ください。

　　　（かいとうようし）　　| （れい） | ① ② ● ④ |

---

[25]　せわ

　　　1　きのう、にゅういんして　いる　そふの　せわに　行きました。

　　　2　小学生の　むすこに　かじの　せわを　させて　います。

　　　3　にちようび　わたなべさんと　かいものに　行く　せわが　あります。

　　　4　小さい　こどもの　せわを　するのは　たいへんです。

[26]　まあまあ

　　　1　雨の　日の　うんてんは　まあまあ　ちゅういして　ください。

　　　2　弟が　うそを　ついたので、母は　まあまあ　おこりました。

3　はじめて　つくった　ケーキは　まあまあ　おいしかったです。

4　しゅくだいを　まあまあ　忘れて　しまって、先生に　しかられました。

27　おとす

1　この　でんしゃに　のって　東京駅で　おとして　ください。

2　かぎを　おとしたので　へやに　入れませんでした。

3　いらない　ふくや　くつなどを　おとしました。

4　時間が　ないので　友だちの　さそいを　おとしました。

28　まける

1　中学2年に　なって、せいせきが　きゅうに　まけて　しまいました。

2　90さいの　そぼは　せなかが　まけて　います。

3　けさ　こうつうじこに　あって　じゅぎょうに　まけて　しまいました。

4　弟は　テニスの　しあいに　まけて　しまって、おちこんで　いました。

N4 模擬テスト

第6回

言語知識（文法）・読解

（55 ふん）

もんだい1　（　　　　）に　何を　入れますか。1・2・3・4から　いちばん　いい　ものを　一つ　えらんで　ください。

（例） 父は　毎朝　新聞（　　　　）　読みます。

　　　　1　が　　　　　2　の　　　　　3　を　　　　　4　で

（解答用紙）　| （例） | ①　②　●　④ |

__1__　土曜日に　家族旅行に　行く　予定でしたが、急な　仕事（　　　　）　行けませんでした。

　　　1　に　　　　　　2　で　　　　　　3　が　　　　　　4　と

__2__　7時に　校門に　集まると　約束したが、彼は　1時間（　　　　）　遅れて　来た。

　　　1　も　　　　　　2　を　　　　　　3　の　　　　　　4　か

__3__　新しく　できた　あの　ビルは　思った（　　　　）　高くて　立派です。

　　　1　ので　　　　　2　より　　　　　3　ばかり　　　　4　から

__4__　試合で　チームみんなの　頑張って　いた　姿（　　　　）　感動しました。

　　　1　は　　　　　　2　と　　　　　　3　を　　　　　　4　に

__5__　昨日の　会議で、佐藤さんが　調査の　結果（　　　　）　説明を　しました。

　　　1　には　　　　　2　にも　　　　　3　について　　　4　にくらべて

__6__　A「明日は　朝早く　出発しますから、（　　　　）　帰りましょう。」

　　　B「まだ　早いじゃないですか。」

　　　1　ずっと　　　　2　いつか　　　　3　そろそろ　　　4　なかなか

__7__　この　国には　一年（　　　　）　まったく　雨が　降らない　地域も　あります。

　　　1　内　　　　　　2　ごろ　　　　　3　だけ　　　　　4　中

__8__　最近、大学では　学生交流会が　（　　　　）、公開講座が　（　　　　）して、忙しいです。

　　　1　あったり／あったり　　　　　　　2　あるとか／あるとか

　　　3　あっても／あっても　　　　　　　4　あるのと／あるのと

__9__　A「きのうの　パーティーに　何人（　　　　）　覚えて　いますか。」

　　　B「さあ、覚えて　いませんね。」

1 来たことを　　2 来るかどうか　3 来たほうが　　4 来たか

10 昨日、山田先輩に　食事に　（　　　　　）が、用事が　あって　行かなかった。

1 誘わせた　　　2 誘った　　　　3 誘われた　　　4 誘って　いる

11 大川「山本さん、昨日　送った　しりょうを　読みましたか。」

山本「あっ、今　ちょうど　会社に　（　　　　　）。今すぐ　読みます。」

1 戻って　いることです　　　　　2 戻って　いるからです

3 戻った　ことが　できます　　　4 戻って　きたところです

12 会社の　歓迎会で　山崎さんと　話を　（　　　　　）、出身校が　同じだったことが　わかった。

1 しなければ　　2 しないと　　　3 したら　　　　4 するなら

13 小林「木村さんは　いつも　自分で　お弁当を　作りますか。」

木村「いいえ、母に　（　　　　　）。」

1 作ったことが　あります　　　　2 作って　くれて　います

3 作っても　いいです　　　　　　4 作って　もらって　います

もんだい2　★に　入る　ものは　どれですか。1・2・3・4から　いちばん
　　　　　いい　ものを　一つ　えらんで　ください。

（問題例）

引き出しの　＿＿＿　＿＿＿　★＿＿　＿＿＿　あります。

1 が　　　　　2 に　　　　　　3 中　　　　　4 ペン

（答え方）

1. 正しい　文を　作ります。

引き出しの　＿＿＿＿＿　＿＿＿＿＿　★＿＿＿　＿＿＿＿＿　あります。
　　　　　　　3 中　　　　　2 に　　　　　4 ペン　　　　1 が

2. ★に　入る　番号を　黒く　塗ります。

（解答用紙）　　（例）　　① ② ③ ●

14 しりょうを　会社に　持って　＿＿＿＿　＿＿＿＿　★　＿＿＿＿　課長に
きびしく　注意された。

1　行く　　　　　　2　しまって　　　　3　忘れて　　　　　4　ことを

15 ニュースに　よると、3月から　＿＿＿＿　＿＿＿＿　★　＿＿＿＿。

1　そうだ　　　　　　　　　　　2　橋の　工事が
3　始まった　　　　　　　　　　4　昨日　終わった

16 A「新しい　先生は　どんな　人ですか。」
　　B「そうですね、ちょっと　＿＿＿＿　★　＿＿＿＿　＿＿＿＿　人ですよ。」

1　けど　　　　　　2　厳しい　　　　　3　いい　　　　　4　親切で

17 来月　大学を　＿＿＿＿　＿＿＿＿　★　＿＿＿＿　と　思って　います。

1　贈ろう　　　　　2　先輩に　　　　　3　卒業する　　　　4　プレゼントを

もんだい3　18　から　21　に　何を　入れますか。文章の　意味を　考えて、
1・2・3・4から　いちばん　いい　ものを　一つ　えらんで　ください。

下の　文章は、留学生の　作文です。

日本の古本屋

ユーゴ・ベイカー

　日本には　古本屋が　たくさん　あります。古本屋は　古い　本を　売る
お店です。読み終わった　本を　再利用することが　できて、　18　。

　うちから　歩いて　10分ぐらいの　ところに、大きな　古本屋が　あります。
夜は　24時まで　営業して　いる　19　、アルバイトの　帰りに　よく　寄
ります。漫画から　専門書まで　さまざまな　本が　あります。本棚から　好
きな　本を　探すのは　楽しいです。その　ほかに、CDや　DVD、文房具なども
あります。そこで　私の　国の　有名な　歌手の　CDも　見た　ことが　あり
ます。それから、ネットで　注文し、お店で　受け取る　サービスも　あります。
とても　便利です。そのため、「せっかく　店に　来たのに　売り切れて　い
て　20　。」という　心配も　いりません。

　みなさんも、ぜひ　日本の　古本屋に　21　。

18

1　すてきかもしれません　　　　　2　すてきかどうか　わかりません

3　すてきだと　思<small>おも</small>います　　　　　　4　すてきなようです

19

1　ので　　　　　2　のに　　　　　3　けど　　　　　4　より

20

1　不安です　　　2　残念<small>ざんねん</small>です　　　3　うれしいです　　4　安心しました

21

1　来て　もらって　ください　　　　2　行って　もらって　ください

3　来て　みて　ください　　　　　　4　行って　みて　ください

もんだい4　つぎの（1）から（3）の文章<small>ぶんしょう</small>を読んで、質問に答えてください。答えは、
1・2・3・4から、いちばんいいものを一つえらんでください。

（1）

　私は、同じクラスの翔くんと学校のテニス部に入<small>はい</small>っています。毎日、授業<small>じゅぎょう</small>のあと
で一緒<small>いっしょ</small>にテニス部に行って、練習<small>れんしゅう</small>をしています。とても疲れますから、私は晩<small>ばん</small>ご飯<small>はん</small>
のあと、寝<small>ね</small>てしまいます。宿題<small>しゅくだい</small>をしないで学校に行くこともあります。でも、翔く
んは宿題<small>しゅくだい</small>がすべて終わるまで寝<small>ね</small>ません。予習<small>よしゅう</small>もします。すごいと思います。

22　なぜ「私」は翔くんがすごいと思っていますか。

1　翔くんは授業<small>じゅぎょう</small>のあとで、テニスの練習<small>れんしゅう</small>をしているから

2　翔くんは毎晩、遅くまでテニスの練習<small>れんしゅう</small>をしているから

3　翔くんは予習<small>よしゅう</small>はしないが、毎晩宿題<small>しゅくだい</small>をしてから寝<small>ね</small>るから

4　翔くんはテニスの練習<small>れんしゅう</small>のあとでも、宿題<small>しゅくだい</small>と予習<small>よしゅう</small>をするから

（2）

（会社で）

夏目さんの机の上に、このメモと封筒<small>ふうとう</small>が置いてあります。

夏目さん

　あしたの会議のために、資料をコピーしようと思いましたが、会社のコピー機が壊れました。修理の人に連絡しますから、コピーのことを頼みます。コンビニでしてください。それから、私の机に置いておいてください。封筒の中にお金がありますから、それを使ってください。
　すみませんが、よろしくお願いします。

9月21日　13：55
ダーシャ

23 このメモを読んで、夏目さんは、まず何をしなければなりませんか。

1　コピー機を修理するために修理の人に連絡します。

2　コンビニに行って、資料をコピーします。

3　コピーした資料をダーシャさんの机に置きます。

4　封筒の中のお金を使って、修理の料金を払います。

(3)

　これは、ズオンさんがクラスメートのサイモンさんからもらったメールです。

ズオンさん

今週の金曜日に、大学の体育館で会社説明会があります。小川先生によると、多くの企業が参加するそうです。時間は9時から17時までですが、私は午前中に授業がありますから、午後2時ごろ行きたいです。ズオンさんも一緒に行きませんか。ご都合のいい時間を教えてください。

サイモン

24 このメールを読んで、ズオンさんは何をしますか。

1　小川先生に会社説明会について聞きます。

2　金曜日の午前中に、一人で会社説明会に参加します。

3　サイモンさんに会社説明会に行ける時間を教えます。

　　4　金曜日の午後、サイモンさんと一緒に会社説明会に行きます。

もんだい5　つぎの文章を読んで、質問に答えてください。答えは、1・2・3・4から、いちばんいいものを一つえらんでください。

　私には、大好きな場所がありました。みどり公園の東側にあったみかん畑です。そのみかん畑には学生時代の思い出がたくさんつまっているのです。

　毎年、秋になると、祖母は農家さんからみかんの木を何本か買ってくれます。買った木にみかんができたら、自由にとって食べることができます。私は小さいころ、みかんがあまり好きではありませんでしたが、そのことで①みかんが大好きになりました。ですから、秋になると、みかんの木を選ぶのを楽しみにしていました。

　そのみかん農家さんは、「今年が最後になるかもしれない。」と、毎年言いました。でも、次の年はまたおいしいみかんを食べることができていました。しかし、おととしの秋に、「今年で本当に終わりだよ。」と言っていました。

　私は、あたり前のように、来年も再来年もここのみかんが食べられると思っていました。でも本当に最後でした。なぜなら、みどり公園の東側が大きな自動車工場になってしまうことが決定したのです。私は②おどろきました。

　そのみかん畑は、緑が多く、とても静かで私の心を癒してくれました。私は、「この場所」の思い出をずっと大切にしていこうと思います。あのみかんの味も、きれいな景色も、すべて私の心の中に存在し続けます。

25　どうして①みかんが大好きになりましたか。

　　1　祖母がみかんの木を買ってくれたから

　　2　「私」の学校の近くにみかん畑があるから

　　3　毎年、農家さんからみかんをたくさんもらったから

　　4　自分で木を選んで、みかんを自由にとって食べることができたから

26　どうして②おどろきましたか。

　　1　来年も再来年もここのみかんが食べられるから

　　2　祖母が毎年言っていた話が本当になったから

　　3　みかんの木を選ぶことができなくなると聞いたから

4　みかん畑は緑が多くて静かで「私」の心を癒してくれたから

27　みかん畑について、「私」はどうしたいと思っていますか。

1　みかん畑の思い出をずっと大切にしていこうと思っています。

2　みかん畑が自動車工場にならないように、努力をしたいです。

3　来年も祖母に農家さんからみかんの木を買ってもらいたいです。

4　ほかの場所にみかんの木を植えて、おいしいみかんを食べたいです。

もんだい6　次のページの「ホテル山本のご案内」を見て、下の質問に答えてください。答えは、1・2・3・4から、いちばんいいものを一つえらんでください。

28　陳さんは、ホテル山本に友だちと4人で泊まりたいです。風呂とシャワーがあって、畳の部屋がいいです。陳さんはどのタイプの部屋を選びますか。

1　タイプ1　　　2　タイプ2　　　3　タイプ3　　　4　タイプ4

29　アルーシュさんは、友だちと二人でホテル山本に泊まります。タイプ2の部屋と二人の朝ご飯を一緒に予約しました。彼らは、全部でいくら払いますか。

1　11,600円　　　2　11,000円　　　3　10,500円　　　4　5,500円

ホテル山本のご案内

<部屋の種類>（どの部屋にも、テレビと冷蔵庫とトイレがあります。）

タイプ1 ・泊まれる人数：1人か2人 ・ベッド：2台 ・シャワーだけ	タイプ2 ・泊まれる人数：1人か2人 ・ベッド：2台 ・シャワーも風呂もあります
タイプ3 ・泊まれる人数：1人～4人 ・ベッド：畳の部屋です ・シャワーも風呂もあります	タイプ4 ・泊まれる人数：1人～4人 ・ベッド：畳の部屋です ・シャワーだけ

<料金>（1室・1泊あたりの料金です）

	1人か2人で 泊まるとき	3人で 泊まるとき	4人で 泊まるとき
タイプ1	8,000 円	―	―
タイプ2	10,000 円	―	―
タイプ3	14,000 円	16,500 円	18,000 円
タイプ4	12,000 円	15,000 円	16,000 円

※ホテルの5階にレストランがあります。一人800円で朝ご飯を食べることができます。

　部屋と朝ご飯の予約を一緒にするお客様は一人500円になります。

N4 模擬テスト

<ruby>第<rt>だい</rt></ruby>**6**<ruby>回<rt>かい</rt></ruby>

<ruby>聴解<rt>ちょうかい</rt></ruby>

（35 ふん）

もんだい1

　　もんだい1では、まず　しつもんを　聞いて　ください。それから　話を　聞いて、もんだいようしの　1から4の　中から、いちばん　いい　ものを　一つ　えらんで　ください。

1ばん

2 ばん

3 ばん

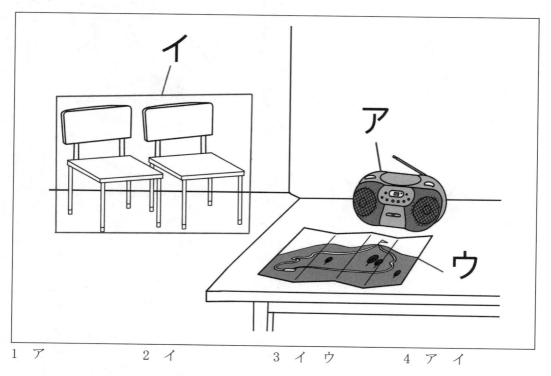

1 ア   2 イ   3 イ ウ   4 ア イ

4 ばん

1 くろの　ペン

2 くろの　えんぴつ

3 あおの　ペン

4 あかの　ペン

5 ばん

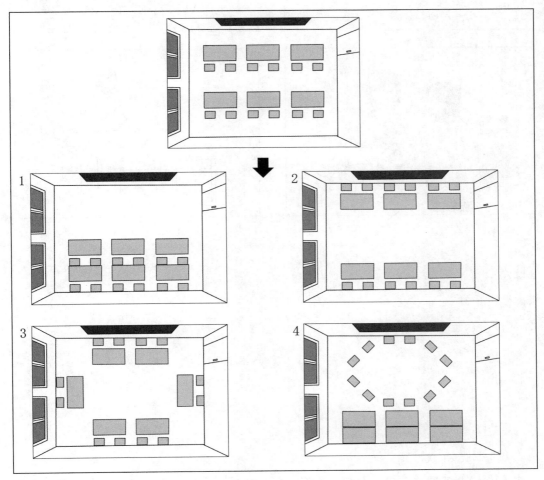

6 ばん

1 10 : 20

2 10 : 30

3 10 : 40

4 10 : 50

7 ばん

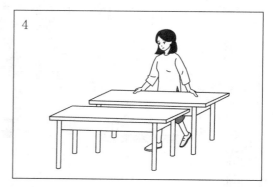

8 ばん

1　としょかん

2　4 ばんきょうしつ

3　12 ばんきょうしつ

4　しょくどう

もんだい 2

　もんだい 2 では、まず　しつもんを　聞いてください。そのあと、もんだいよう
しを　見て　ください。読む　時間が　あります。それから　話を　聞いて、も
んだいようしの　1 から 4 の　中から、いちばん　いい　ものを　一つ　えらんで
ください。

1 ばん

1 ごみに　出す
2 友だちに　あげる
3 インターネットで　うる
4 駅前の　店に　もっていく

2 ばん

1 アルバイトを　休むから
2 しごとちゅうに　ともだちに　電話したから
3 休むことが　おおいから
4 まどの　掃除を　しなかったから

3 ばん

1 あるいて　行った
2 車を　うんてんして　行った
3 じてんしゃで　行った
4 バスに　のって　行った

4 ばん

1 よやくの　時間を　かえたいから
2 行く　人の　かずが　かわったから
3 サラダの　しゅるいを　かえたいから
4 ジュースの　しゅるいを　かえたいから

5 ばん

1 会社で　はたらく
2 大学いんに　すすむ
3 母の　ケーキ屋を　てつだう
4 ケーキの　学校に　入学する

6 ばん

1 今の いえに ひっこした とき

2 むすめが うまれた とき

3 むすめが 小学校を そつぎょうした とき

4 むすめが 大学に 入った とき

7 ばん

1 べんきょう

2 テニス

3 サッカー

4 りょうり

もんだい3

　もんだい3では、えを 見ながら しつもんを 聞いて ください。➡（やじるし）の 人は 何と 言いますか。1から3の 中から、いちばん いい ものを 一つ えらんで ください。

1 ばん

2 ばん

3 ばん

4ばん

5ばん

もんだい4

　もんだい4では、えなどが　ありません。まず　ぶんを　聞いて　ください。それから、そのへんじを　聞いて、1から3の　中から、いちばん　いい　ものを一つ　えらんで　ください。

― メモ ―

正 答 表
N5 模擬テスト　第 1 回

げんごちしき（もじ・ごい）

もんだい 1	1	2	3	4	5	6	7
	3	4	2	1	4	3	2

もんだい 2	8	9	10	11	12
	4	2	1	3	1

もんだい 3	13	14	15	16	17	18
	1	4	1	2	3	2

もんだい 4	19	20	21
	2	1	4

言語知識（文法）・読解

もんだい 1	1	2	3	4	5	6	7	8	9
	2	4	3	4	3	3	2	2	2

もんだい 2	10	11	12	13
	4	2	4	1

もんだい 3	14	15	16	17
	3	2	1	4

もんだい 4	18	19
	4	2

もんだい 5	20	21
	4	1

もんだい 6	22
	3

聴解

もんだい 1	1	2	3	4	5	6	7
	1	2	4	1	3	3	1

もんだい 2	1	2	3	4	5	6
	1	1	3	3	2	2

もんだい 3	1	2	3	4	5
	2	3	2	1	3

もんだい 4	1	2	3	4	5	6
	1	3	2	1	3	3

N5 模擬テスト　第 2 回

げんごちしき（もじ・ごい）

もんだい 1	1	2	3	4	5	6	7
	1	2	4	3	1	2	2

もんだい 2	8	9	10	11	12
	2	4	2	1	2

もんだい 3	13	14	15	16	17	18
	2	1	3	2	4	2

もんだい 4	19	20	21
	2	2	3

言語知識（文法）・読解

もんだい 1	1	2	3	4	5	6	7	8	9
	3	2	4	1	4	1	1	1	3

もんだい 2	10	11	12	13
	1	1	2	4

もんだい 3	14	15	16	17
	2	1	4	3

もんだい 4	18	19
	4	3

もんだい 5	20	21
	4	1

もんだい 6	22
	3

聴解

もんだい 1	1	2	3	4	5	6	7
	2	4	3	2	3	4	1

もんだい 2	1	2	3	4	5	6
	4	3	4	2	4	2

もんだい 3	1	2	3	4	5
	2	2	3	2	1

もんだい 4	1	2	3	4	5	6
	3	2	2	1	1	2

N5 模擬テスト　第3回

げんごちしき（もじ・ごい）

もんだい1	1	2	3	4	5	6	7
	2	3	1	4	1	4	2

もんだい2	8	9	10	11	12
	2	3	1	4	2

もんだい3	13	14	15	16	17	18
	2	1	4	1	3	2

もんだい4	19	20	21
	2	2	3

言語知識（文法）・読解

もんだい1	1	2	3	4	5	6	7	8	9
	2	1	2	3	4	1	3	1	3

もんだい2	10	11	12	13
	1	1	4	1

もんだい3	14	15	16	17
	2	4	3	1

もんだい4	18	19
	1	2

もんだい5	20	21
	3	4

もんだい6	22
	2

聴解

もんだい1	1	2	3	4	5	6	7
	3	2	1	1	3	2	2

もんだい2	1	2	3	4	5	6
	1	3	3	1	4	3

もんだい3	1	2	3	4	5
	3	2	2	2	2

もんだい4	1	2	3	4	5	6
	2	1	2	3	2	2

N5 模擬テスト　第4回

げんごちしき（もじ・ごい）

もんだい 1	1	2	3	4	5	6	7
	3	2	1	2	1	3	3

もんだい 2	8	9	10	11	12
	4	3	1	2	2

もんだい 3	13	14	15	16	17	18
	2	1	1	3	4	4

もんだい 4	19	20	21
	2	3	1

言語知識（文法）・読解

もんだい 1	1	2	3	4	5	6	7	8	9
	4	4	3	1	2	3	1	3	1

もんだい 2	10	11	12	13
	4	4	4	3

もんだい 3	14	15	16	17
	1	4	3	2

もんだい 4	18	19
	4	3

もんだい 5	20	21
	4	3

もんだい 6	22
	1

聴解

もんだい 1	1	2	3	4	5	6	7
	2	2	4	4	4	3	1

もんだい 2	1	2	3	4	5	6
	2	4	3	2	4	3

もんだい 3	1	2	3	4	5
	2	2	3	1	2

もんだい 4	1	2	3	4	5	6
	1	1	3	2	2	2

N5 模擬テスト　第5回

げんごちしき（もじ・ごい）

もんだい 1	1	2	3	4	5	6	7
	4	4	1	2	3	1	2

もんだい 2	8	9	10	11	12
	4	3	3	1	3

もんだい 3	13	14	15	16	17	18
	4	2	3	4	3	4

もんだい 4	19	20	21
	2	4	1

言語知識（文法）・読解

もんだい 1	1	2	3	4	5	6	7	8	9
	3	1	4	2	2	4	3	1	2

もんだい 2	10	11	12	13
	4	4	3	3

もんだい 3	14	15	16	17
	2	1	3	4

もんだい 4	18	19
	3	4

もんだい 5	20	21
	2	4

もんだい 6	22
	3

聴解

もんだい 1	1	2	3	4	5	6	7
	4	1	4	3	2	1	1

もんだい 2	1	2	3	4	5	6
	4	3	2	4	3	1

もんだい 3	1	2	3	4	5
	2	2	1	2	2

もんだい 4	1	2	3	4	5	6
	1	3	2	3	3	1

N5 模擬テスト　第 6 回

げんごちしき（もじ・ごい）

もんだい 1	1	2	3	4	5	6	7
	4	1	3	2	1	3	2
もんだい 2	8	9	10	11	12		
	2	1	1	4	3		
もんだい 3	13	14	15	16	17	18	
	3	1	1	2	1	2	
もんだい 4	19	20	21				
	3	2	3				

言語知識（文法）・読解

もんだい 1	1	2	3	4	5	6	7	8	9
	4	2	3	2	1	3	4	2	4
もんだい 2	10	11	12	13					
	1	4	1	2					
もんだい 3	14	15	16	17					
	3	1	4	2					
もんだい 4	18	19							
	3	1							
もんだい 5	20	21							
	4	2							
もんだい 6	22								
	4								

聴解

もんだい 1	1	2	3	4	5	6	7
	2	2	2	4	1	3	4
もんだい 2	1	2	3	4	5	6	
	3	3	2	4	1	2	
もんだい 3	1	2	3	4	5		
	1	2	3	3	2		
もんだい 4	1	2	3	4	5	6	
	2	1	3	2	1	3	

N4模擬テスト　第1回

げんごちしき（もじ・ごい）

もんだい1	1	2	3	4	5	6	7
	2	1	4	2	1	3	3

もんだい2	8	9	10	11	12
	1	2	4	3	3

もんだい3	13	14	15	16	17	18	19	20
	4	2	1	3	1	4	2	3

もんだい4	21	22	23	24
	4	1	2	3

もんだい5	25	26	27	28
	4	1	3	2

言語知識（文法）・読解

もんだい1	1	2	3	4	5	6	7
	3	4	1	1	3	2	2
	8	9	10	11	12	13	
	4	3	1	4	4	4	

もんだい2	14	15	16	17
	3	1	2	3

もんだい3	18	19	20	21
	3	1	4	2

もんだい4	22	23	24
	3	4	2

もんだい5	25	26	27
	4	3	1

もんだい6	28	29
	4	3

聴解

もんだい1	1	2	3	4	5	6	7	8
	2	1	2	4	2	4	3	2

もんだい2	1	2	3	4	5	6	7
	3	4	1	3	2	2	2

もんだい3	1	2	3	4	5
	3	2	2	3	1

もんだい4	1	2	3	4	5	6	7	8
	2	2	1	2	3	1	2	3

N4 模擬テスト　第2回

げんごちしき（もじ・ごい）

もんだい1	1	2	3	4	5	6	7	
	3	1	3	1	1	4	1	

もんだい2	8	9	10	11	12
	2	3	4	1	2

もんだい3	13	14	15	16	17	18	19	20
	3	4	2	1	3	2	4	1

もんだい4	21	22	23	24
	4	3	2	3

もんだい5	25	26	27	28
	3	2	3	1

言語知識（文法）・読解

もんだい1	1	2	3	4	5	6	7
	2	4	1	1	3	4	1
	8	9	10	11	12	13	
	2	2	1	3	3	4	

もんだい2	14	15	16	17
	4	3	2	4

もんだい3	18	19	20	21
	4	1	2	3

もんだい4	22	23	24
	2	3	4

もんだい5	25	26	27
	1	4	3

もんだい6	28	29
	3	2

聴解

もんだい1	1	2	3	4	5	6	7	8
	2	1	3	3	3	3	3	3

もんだい2	1	2	3	4	5	6	7	
	1	3	2	2	4	3	2	

もんだい3	1	2	3	4	5	
	3	1	3	2	2	

もんだい4	1	2	3	4	5	6	7	8
	2	3	3	3	1	1	2	1

N4 模擬テスト　第3回

げんごちしき（もじ・ごい）

もんだい1	1	2	3	4	5	6	7
	2	4	2	1	2	4	1

もんだい2	8	9	10	11	12
	4	3	2	1	4

もんだい3	13	14	15	16	17	18	19	20
	2	4	3	4	2	1	3	2

もんだい4	21	22	23	24
	2	3	3	4

もんだい5	25	26	27	28
	2	2	1	2

言語知識（文法）・読解

もんだい1	1	2	3	4	5	6	7
	1	3	2	4	3	4	3
	8	9	10	11	12	13	
	3	1	2	2	3	2	

もんだい2	14	15	16	17
	1	4	2	2

もんだい3	18	19	20	21
	3	1	2	4

もんだい4	22	23	24
	4	3	1

もんだい5	25	26	27
	2	4	3

もんだい6	28	29
	3	2

聴解

もんだい1	1	2	3	4	5	6	7	8
	3	1	3	4	3	4	2	2

もんだい2	1	2	3	4	5	6	7
	4	4	1	1	1	4	1

もんだい3	1	2	3	4	5
	2	2	3	1	2

もんだい4	1	2	3	4	5	6	7	8
	2	3	2	1	2	2	3	3

N4 模擬テスト　第4回

げんごちしき（もじ・ごい）

もんだい1	1	2	3	4	5	6	7
	4	3	4	2	2	2	3

もんだい2	8	9	10	11	12
	3	2	4	1	2

もんだい3	13	14	15	16	17	18	19	20
	2	1	3	1	4	2	3	1

もんだい4	21	22	23	24
	3	2	4	2

もんだい5	25	26	27	28
	2	4	2	4

言語知識（文法）・読解

もんだい1	1	2	3	4	5	6	7
	4	1	1	2	3	1	2
	8	9	10	11	12	13	
	3	3	2	2	2	1	

もんだい2	14	15	16	17
	1	3	4	3

もんだい3	18	19	20	21
	2	4	3	1

もんだい4	22	23	24
	2	4	3

もんだい5	25	26	27
	1	4	3

もんだい6	28	29
	2	3

聴解

もんだい1	1	2	3	4	5	6	7	8
	4	2	2	2	4	2	2	3

もんだい2	1	2	3	4	5	6	7
	3	3	1	2	3	3	1

もんだい3	1	2	3	4	5
	2	1	3	3	2

もんだい4	1	2	3	4	5	6	7	8
	3	2	3	1	2	3	1	3

N4 模擬テスト　第5回

げんごちしき（もじ・ごい）

もんだい1	1	2	3	4	5	6	7
	2	1	3	3	1	1	3

もんだい2	8	9	10	11	12
	4	2	3	1	4

もんだい3	13	14	15	16	17	18	19	20
	3	4	2	1	4	4	2	3

もんだい4	21	22	23	24
	2	2	4	3

もんだい5	25	26	27	28
	2	2	3	3

言語知識（文法）・読解

もんだい1	1	2	3	4	5	6	7
	1	3	1	4	2	1	4
	8	9	10	11	12	13	
	4	2	3	2	1	4	

もんだい2	14	15	16	17
	1	2	2	4

もんだい3	18	19	20	21
	4	2	1	3

もんだい4	22	23	24
	2	1	3

もんだい5	25	26	27
	3	4	4

もんだい6	28	29
	2	4

聴解

もんだい1	1	2	3	4	5	6	7	8
	1	4	2	4	2	3	1	4

もんだい2	1	2	3	4	5	6	7
	2	3	3	1	2	4	3

もんだい3	1	2	3	4	5
	3	2	1	3	2

もんだい4	1	2	3	4	5	6	7	8
	2	3	1	1	2	3	2	1

N4 模擬テスト　第 6 回

げんごちしき（もじ・ごい）

もんだい 1	1	2	3	4	5	6	7	
	1	4	4	1	4	1	2	
もんだい 2	8	9	10	11	12			
	3	4	4	1	2			
もんだい 3	13	14	15	16	17	18	19	20
	3	2	4	1	3	2	1	3
もんだい 4	21	22	23	24				
	2	1	4	3				
もんだい 5	25	26	27	28				
	4	3	2	4				

言語知識（文法）・読解

もんだい 1	1	2	3	4	5	6	7
	2	1	2	4	3	3	4
	8	9	10	11	12	13	
	1	4	3	4	3	4	
もんだい 2	14	15	16	17			
	3	4	1	4			
もんだい 3	18	19	20	21			
	3	1	2	4			
もんだい 4	22	23	24				
	4	2	3				
もんだい 5	25	26	27				
	4	3	1				
もんだい 6	28	29					
	3	2					

聴解

もんだい 1	1	2	3	4	5	6	7	8
	3	1	4	3	2	4	3	3
もんだい 2	1	2	3	4	5	6	7	
	4	3	2	3	4	3	1	
もんだい 3	1	2	3	4	5			
	2	2	3	2	3			
もんだい 4	1	2	3	4	5	6	7	8
	3	2	1	2	3	1	2	3